# Una mujer elegida

Susana de Cano y
Karla de Fernández

# Una mujer elegida

Susana de Cano y
Karla de Fernández

Un estudio
sobre la vida
de Ester

B&H
ESPAÑOL
BRENTWOOD, TENNESSEE

Una mujer elegida: Un estudio sobre la vida de Ester

Copyright © 2023 por Susana de Cano y Karla de Fernández
Todos los derechos reservados.
Derechos internacionales registrados.

B&H Publishing Group
Brentwood, TN 37027

Diseño de portada: B&H Español. Foto por ohenze/shutterstock.

Clasificación Decimal Dewey: 222.9
Clasifíquese: BIBLIA A.T. ESTER—ESTUDIO Y ENSEÑANZA \
MUJERES \ DIOS—PROMESAS

ISBN: 978-1-0877-5435-2

Impreso en EE. UU.
1 2 3 4 5 * 26 25 24 23

# Índice

# El Dios que reina

## Un estudio del libro de Ester

## Introducción

Estamos emocionadas de saber que estarás estudiando a Dios y Su carácter en el libro de Ester junto a nosotras; asimismo, estamos expectantes de encontrarnos con Cristo en los detalles de esta historia.

Es probable que hayas escuchado y aprendido que el libro de Ester se trata exclusivamente de la historia de Ester y su obediencia, así como de los doce meses en los que tuvo un tratamiento exhaustivo de belleza.

Sin embargo, con el paso de los días en los que nos sumergimos en el estudio del libro de Ester, nos daremos cuenta de que aun cuando no vemos a Dios, claramente Él está obrando. Esto es importante porque hay momentos en nuestras vidas cuando no creemos que Él está allí presente, que quizás no se preocupa por nosotras o está muy ocupado para atender nuestras necesidades; incluso podemos pensar que no hemos actuado bien y por eso Él se ha ido. Pero tenemos la seguridad de que Él está presente, Él ha prometido que nunca nos dejará ni nos abandonará (Deut. 31:6). Nuestra confianza en Su presencia no está basada en nuestros sentimientos o pensamientos, sino en Su fidelidad.

El libro de Ester tiene el propósito de exhortar al pueblo de Dios a servir en obediencia y valentía piadosa al estar bajo gobiernos malvados, caminando en fe en la providencia oculta para llevar a cabo Sus propósitos.

LaSor Hubbard y Bush dicen: «Las coincidencias en Ester son la huella de las manos Dios de Dios obrando».[1]

Dios está presente, Dios reina porque Él es soberano, y aun podemos deleitarnos en Él porque permanece fiel.

Anhelamos que al terminar este estudio te regocijes en quién es Dios para tu vida y lo vivas en la certeza de la obra de Cristo y el poder del Espíritu Santo que te habilita para hacerlo.

Karla y Susana

[1.] LaSor, William Sanford y Frederic William Bush. *Old Testament Survey.* (Grand Rapids, MI: Eerdmans, 1996).

# Cómo usar este estudio

E ste estudio está diseñado para realizarse en seis semanas de manera individual o en compañía de otras mujeres en un grupo pequeño en la iglesia local.

Necesitamos conocer a nuestro Dios y eso lo logramos a través de una comunión diaria con Él en oración y en la lectura de Su Palabra.

*Escudriñad las Escrituras; porque a vosotros os parece que en ellas tenéis la vida eterna; y ellas son las que dan testimonio de mí.* (Juan 5:39, RVR1960)

Hacer un estudio diario de la Palabra de Dios te ayudará en tu relación con Dios. ¿Cómo hacerlo? Nosotras te recomendamos que apartes cada día un tiempo para estar en comunión con Dios. Recuerda que separadas de Él, nada podemos hacer (Juan 15:5). Él es la prioridad en nuestra vida, encontrarnos con Él en oración y lectura de Su Palabra debe ser un encuentro que no podemos dejar para después.

## ¿Cómo haremos este estudio?

Toma un tiempo para orar antes de leer tu Biblia. Pide a Dios que te dé un espíritu de sabiduría y de revelación en el conocimiento de Él (Ef. 1:17-19), y que te muestre las maravillas de Su ley (Sal. 119:18).

Cada día **leeremos una porción de la Escritura**; tómate el tiempo necesario para hacerlo, no te apresures a leer, Dios hablará a tu vida a través de ella. Es importante que conforme leas versículo a versículo, medites en lo que Dios está diciendo.

Conforme vas leyendo, es bueno que resaltes los hechos sobresalientes, los más obvios en tu lectura. Haz preguntas a lo que estás leyendo, para entender un poco más lo que está escrito: ¿Quién está hablando? ¿De qué están hablando? ¿Cuándo pasó? ¿En dónde están? ¿Quién es el que habla? ¿Cuál es el mensaje?

También es bueno hacernos preguntas a nosotras mismas, por ejemplo: ¿Cuáles son las personas en este versículo que están haciendo lo que yo debo hacer? ¿Qué promesa tiene para mí? ¿Qué mandamiento debo cumplir? ¿Hay alguna advertencia a la que debo poner mayor atención? ¿Cómo el evangelio me ayuda a obedecer y perseguir la santidad?

# Acerca del libro de Ester

**Género literario:** Narrativo histórico.

**Temas importantes:** banquete, reino, edicto, salvación o liberación, protección, rey, soberanía, sabiduría, obediencia, honra, batalla, revertir, pacto, mundo o imperio, providencia, identidad o pueblo de Dios.

**Personajes:** Asuero, Vasti, Mardoqueo, Ester (Hadasa), Amán.

Datos del libro:

- Autor: incierto, pero sabemos que toda la Palabra es inspirada por Dios (2 Tim. 3:16), así que es Su Palabra.
- Fecha: 483-478.
- Audiencia: judíos de la diáspora después del exilio de Babilonia.
- Lugar: escrito probablemente desde Susa, la ciudad real de Persia.
- Situación política: Ester se registra durante el período del dominio de los persas como potencia mundial sobre los demás imperios, bajo el reinado del rey Jerjes o Asuero.
- Situación religiosa: se encuentran después del regreso del exilio, entre el primero y segundo retorno de los judíos a Jerusalén, aunque algunos se dispersaron por otros lugares, como sucedió con Ester y Mardoqueo que se quedaron en Persia. El pueblo estaba volviendo Su rostro a Dios con la restauración del pueblo.[1]

[1.] *Diccionario Ilustrado de la Biblia* (Editorial Caribe, Inc., 1977).

«El libro de Ester no es simplemente una historia moral de unos cuantos judíos fieles que se levantaron por Dios en medio de una tierra pagana. Fundamental y espléndidamente, es la historia de Dios y Su deseo de ser glorificado y hacer a Su Hijo hermoso en las vidas de los débiles, exiliados y peregrinos que provienen de un pacto fiel, así como nosotros».[2]

**Tema principal:** Sobre nuestro Dios fiel y providencial que soberanamente protege a Su pueblo de pacto de sus enemigos, para avanzar con Su plan de salvación por ellos usando a personas ordinarias en sus vidas ordinarias, para Su gloria.

**Cristo en Ester:** Es representado como el mejor esposo, el mejor rey, nuestro intercesor y Salvador quien nos sentará en el último banquete como bienvenida a nuestra vida eterna con Él.

**La importancia de Ester en la Biblia:** representa un pequeño éxodo y ejemplifica cómo Dios obra para salvación de Su pueblo en Su fidelidad y para Su gloria. Por este evento, los israelitas instituyeron la Fiesta de Purim para celebrar su liberación del genocidio que se hubiese llevado a cabo a manos de Amán. El pueblo israelita no recuerda la matanza, sino la liberación, el propósito de esta fiesta es recordar el rescate de Dios.

Desde Génesis 3:15, después de la caída, Dios prometió que Su simiente —es decir, Cristo— derrotaría la cabeza de Satanás. Desde ese momento, Satanás ha querido destruir a los descendientes de esa simiente.

Lo vemos en su intento en el éxodo de Egipto, cuando el pueblo de Dios estaba como esclavo y muchos recién nacidos fueron asesinados. Pero Dios rescató a uno que Él mismo levantaría para liberar a Su pueblo y que no fuese destruido (Ex. 2:1-3, 9-10).

A lo largo de la historia de la humanidad hemos visto que todos los intentos de destruir al pueblo de Dios han fallado, porque Dios

[2] Fitzpatrick, Elyse, «Introduction to Esther», en *Gospel Transformation Bible* (Wheaton, IL: Crossway, 2013), 599-600.

reina sobre todo y sobre todos. Lo vemos nuevamente en el Nuevo Testamento al intentar matar a los recién nacidos para matar a Jesús (Mat. 2:1-4, 16).

Entre estos dos eventos se encuentra el libro de Ester, que nos recuerda que cualquier intento de destruir al pueblo de Dios fallará. A través de Su providencia y de acuerdo a Sus promesas, Dios coloca a Ester y Mardoqueo en posiciones de poder para preservar a Su pueblo y castigar a sus enemigos, como una muestra del final de ellos.

En el libro de Ester no es mencionado el nombre de Dios, pero esto no impide que se muestre a un Dios que reina también en el silencio, en los actos de sus escogidos y aun en eventos aparentemente sorpresivos pero que, sin duda, nos dejan ver la soberanía y providencia de Dios, un carácter que está desplegado en toda la Palabra.

Toda la narrativa de Ester es la plena demostración de Romanos 8:28-29 que nos dice: «Y sabemos que para los que aman a Dios, todas las cosas cooperan para bien, esto es, para los que son llamados conforme a Su propósito. Porque a los que de antemano conoció, también los predestinó a ser hechos conforme a la imagen de Su Hijo, para que Él sea el primogénito entre muchos hermanos».

**Aplicación hoy:** El mundo odia a Dios, y, por ende, a Su pueblo, la Iglesia de Cristo. Esto se nos recuerda cuando observamos lo que ocurre a nuestro alrededor, en nuestras vidas y circunstancias.

No obstante, Dios reina y en Su providencia a lo largo de la historia, Él elevó a un hombre justo a un lugar de honor proveyendo un mediador para la humanidad. Dios está rescatando a Su pueblo y en este pequeño evento de liberación nos da una sombra de la grande obra de redención que Él hace.

Vivimos como exiliadas, como peregrinas en este mundo. Un mundo que es hostil a quienes representan a Dios, aun cuando no somos perseguidos físicamente, o quizás sí, porque somos de Dios.

Jesús lo dijo: «Si el mundo os odia, sabéis que me ha odiado a mí antes que a vosotros» (Juan 15:18).

El libro de Ester ejemplifica para nosotras hoy, cómo Dios obra en la salvación de Su pueblo. Podemos regocijarnos en la cruz, que ha revertido todo para nuestro bien y Su gloria. Cristo murió en la cruz, ha resucitado y Dios lo ha elevado a un lugar de exaltación como Rey y Salvador. El Justo ha derrotado al malvado. El verdadero Rey reina. Satanás ha sido vencido. Esperamos con ansias el futuro que vendrá cuando veamos al Rey triunfar finalmente sobre sus enemigos. Si vivimos como el mundo y no aceptamos la llamada al banquete de salvación, no tendremos parte. Pero si nos identificamos a través de la cruz como pueblo de Dios, tendremos parte, seremos salvadas y tendremos paz eterna.

Te invitamos a ser parte en estas semanas de quién es Dios y Su obra en Cristo.

# SEMANA 1

# Dios muestra el corazón del ser humano

# Día 1

## ¿Qué sucede en el reino?

Este relato bíblico de intriga y drama se desarrolla en la antigua Persia, anteriormente llamada Mesopotamia, la región que está alrededor de los actuales Irak e Irán. Es en esa región donde la mayor parte del libro de Génesis se llevó a cabo.

El rey Asuero (Jerjes) reinó en Persia desde el año 486 al 465 a.C., después de la muerte de Darío, su padre (Esd. 4:24; Dan. 6:25; Hag. 1:15). El reino de Asuero comprendía desde India hasta Etiopía, lo que es el moderno Sudán. Asuero radicaba en Susa, la capital del reino Persa.[1] La fortaleza de Susa era una acrópolis como un palacio fortificado a 36 metros de alto sobre la ciudad circundante de Susa, la cual es la más importante de las cuatro capitales persas y la residencia real en el inverno.[2]

El pueblo del pacto de Dios, los judíos, habían sido previamente capturados por los babilonios y vivieron como exiliados bajo el rey pagano, Nabucodonosor (Dan. 1–2). Cuando los persas derrocaron a los babilonios en el año 539 a.C., como profetizó Daniel en la interpretación del sueño de Nabucodonosor, a los judíos se les concedió

---

1. *Biblia de Estudio Herencia Reformada*, (Grand Rapids, MI: Poiema Publicaciones, 2018), comentario capítulo 1.
2. *La Biblia de Estudio de la Reforma* (Grand Rapids, MI: Publicaciones Poiema, 2015), comentario capítulo 1.

la libertad de su exilio en Babilonia. Muchos permanecieron en las regiones donde habían sido deportados y se asimilaron a la sociedad persa, al igual que los inmigrantes de hoy se asimilan al «crisol» que es la sociedad estadounidense.

Asuero planeaba su próxima invasión a Grecia,[3] lo cual podría explicar la gran presencia militar, y ganarse el favor de mucho pueblo a través de sus banquetes, de exponer sus riquezas y gloria a manera de imponerse, como se solía hacer en ese tiempo.

Mientras tanto, el ambiente del pueblo judío podría ser de acomodarse a vivir en medio del pueblo persa, o bien a estar en constante temor de lo que pudiese sucederles porque no habían escuchado de Dios en mucho tiempo. Ellos eran extranjeros en Persia, y aun así eran llamados a vivir en obediencia y confianza al Dios del pacto con Abraham.

Es una historia verídica y comprobable tanto en la Biblia como en la historia secular[4] en el tiempo del gran Imperio persa que derrotó a Babilonia y a Egipto mientras se alistaban para derrotar a Grecia.

El pueblo judío, conocido también como el pueblo de pacto, regresa en el tiempo de Esdras a Jerusalén después del exilio, durante el período de tiempo entre el primer regreso de los judíos después de la cautividad de 70 años bajo Zorobabel en el 538 a.C. (Esd. 1–6) y el segundo regreso por Esdras del 458 a.C. (Est. 7–10). No todos los judíos regresaron a Jerusalén, algunos se quedaron en Persia, fue el caso de Mardoqueo y Ester, como veremos más adelante.[5]

El escenario de Ester comienza con un rey que no toma en cuenta a Dios, sino a él mismo, sus riquezas y fama. Asuero está reinando

---

[3.] *La Biblia de Estudio de la Reforma* (Grand Rapids, MI: Poiema Publicaciones, 2015), comentario histórico del libro de Ester.

[4.] Como referencia, el libro del historiador Herodoto llamado: *Los nueve libros de Herodoto*.

[5.] *Biblia de Estudio MacArthur* (Nashville, TN: Grupo Nelson, 2011), sobre el contexto histórico del libro de Ester.

sobre el pueblo de pacto, el pueblo de Dios. ¿Qué pasará con ellos? ¿Se harán a sus costumbres? ¿Se acomodarán en ese lugar? ¿Tendrán miedo? ¿Confiarán en Dios? ¿Recordarán su identidad como el pueblo de Dios? ¿A qué reino servirán? ¿Cómo Dios guiará esta historia para Su gloria, como lo ha hecho con todas?

# PARA MEDITAR

1. ¿Cómo has leído la Biblia hasta el día de hoy? Es decir, ¿sigues algún plan de lectura? ¿Te ha funcionado?

2. ¿Por qué te interesó estudiar Ester?

3. ¿Cuál es tu meta al estudiar Ester?

4. ¿Qué conocimientos tienes del libro de Ester? ¿Cómo lo has leído o qué enseñanzas te ha dejado?

5. ¿Sabías que el nombre de Dios no es mencionado en el libro? ¿Por qué crees que no se menciona?

6. ¿Qué significa que somos extranjeros, peregrinos o exiliados? Lee 1 Pedro 1:1-2; Hebreos 11:13-14 para responder.

7. ¿Por qué crees que la historia es importante para comprender los relatos bíblicos?

8. Es importante que respondas las preguntas porque regresarás a ellas al terminar el estudio.

**RESPONDE A DIOS EN ORACIÓN POR LO QUE HAS APRENDIDO**

# Día 2

## El reino del hombre

### Ester 1:1-5

*Aconteció en los días de Asuero, el rey Asuero que reinó desde
la India hasta Etiopía sobre ciento veintisiete provincias, que en
aquellos días, estando el rey Asuero reinando desde su trono real,
en la fortaleza de Susa, en el año tercero de su reinado, ofreció
un banquete para todos sus príncipes y servidores, estando en
su presencia los oficiales del ejército de Persia y Media, los nobles
y los príncipes de sus provincias. Y él les mostró las riquezas
de la gloria de su reino y el magnífico esplendor de su majes-
tad durante muchos días, ciento ochenta días. Cuando se cumplie-
ron estos días, el rey ofreció un banquete de siete días para todo el
pueblo que se encontraba en la fortaleza de Susa, desde el mayor
hasta el menor, en el atrio del jardín del palacio del rey.*

El rey Asuero es pagano y poderoso, pero no puede trastornar
la providencia de Dios sino que Dios lo usará para Sus propósitos.

Como en toda película o trama hay un escenario, el de la historia
de Ester lo aprendimos el día de ayer. Nota que el primer capítulo
no comienza con Ester o con Dios haciendo milagros o hablándole

a un profeta para que ejecute Su misión. Más bien nos encontramos con el pomposo rey Asuero, con sus fiestas y riquezas.

Los judíos que estaban viviendo en el exilio quizás habían escuchado de las historias de cómo Dios libertó al pueblo de Israel con milagros espectaculares, quizás habían escuchado de las grandes obras que hizo en favor de ellos; todo eso era contrario a lo que ahora estaban viviendo pues vivían en una cultura totalmente diferente a la de ellos, bajo el gobierno de un rey pagano y con vecinos, en su mayoría, paganos.

Pero Dios había determinado no solo el exilio, sino también dónde estarían estos judíos; así como determina dónde naciste y en qué tiempo naciste. Sin embargo, ni Persia, ni Roma, ni Jerusalén es nuestro hogar eterno. Nosotras, como ellos, somos exiliadas que viven bajo gobiernos paganos. Somos exiliadas viviendo en medio de un mundo pomposo, soberbio, lleno de riquezas y poder humano pero con un Dios maravilloso, fiel y soberano.

La fiesta del rey Asuero no era cualquier fiesta. Era una fiesta con fines políticos y militares para comprar la lealtad de sus líderes y hacer notar cuán poderoso era él. De hecho, por la soberanía de Dios así era, digamos que Persia en ese momento de la historia era el país más poderoso del mundo. Su reino era despampanante, sus fiestas sin igual. De esas fiestas a las que solo puedes entrar si eres invitada; y cuando te sabes invitada, eso te dice que has alcanzado un nuevo nivel de realeza. Así que, esta historia comienza con una fiesta a lo grande para celebrar al gran rey Asuero y su gran reinado.

# PARA MEDITAR

1. ¿Cómo defines lo que es un reino?

2. ¿Qué crees que hace que un rey sea un buen rey?

3. ¿Cómo describirías al rey Asuero?

4. ¿Quién pone y quita reyes? Lee Daniel 2:21 para responder.

5. ¿Qué dice la Biblia acerca del reino de Dios? Lee Mateo 13 para responder y buscar características contrastándolas:

reino del hombre – reino de Dios

6. ¿De qué maneras Jesús es un mejor Rey que Asuero? Lee Juan 13:1-30 y Filipenses 2:1-10 para responder.

7. ¿Te identificas de alguna manera con las actitudes que escribiste acerca de Asuero? (Pregunta 3).

8. ¿Cómo vives como extranjera bajo un mundo caído con líderes vanagloriosos? Puedes leer 1 Pedro 2:11-17 y 1 Pedro 4:1-6. Escribe tus conclusiones.

9. ¿A qué atributo se refiere Dios de sí mismo en los siguientes versículos? Deuteronomio 32:39; Isaías 40:10; 49:10; 2 Crónicas 20:6.

10. ¿Dios ha obrado en silencio en algún momento de tu vida? ¿De qué forma?

**RESPONDE A DIOS EN ORACIÓN POR LO QUE HAS APRENDIDO**

# Día 3

## Tesoros temporales

### Ester 1:6-9

*Había colgaduras de lino blanco y violeta, sostenidas por cordones de lino fino y púrpura en anillos de plata y columnas de mármol, y lechos de oro y plata sobre un pavimento mosaico de pórfido, de mármol, de alabastro y de piedras preciosas. Las bebidas se servían en vasijas de oro de diferentes formas, y el vino real abundaba conforme a la liberalidad del rey. Se bebía conforme a la ley, no había obligación, porque así el rey había dado órdenes a todos los oficiales de su casa para que hicieran conforme a los deseos de cada persona. La reina Vasti también hizo un banquete para las mujeres en el palacio del rey Asuero.*

Un banquete es una invitación emocionante, sobre todo cuando la invitación proviene del hombre más poderoso del planeta, el más famoso por sus riquezas y quien está en camino a derrotar al ejército griego. La herencia que el rey Asuero recibió de su padre fue de 127 provincias, es decir, tenía un trono lleno de privilegios; un reino de hombres valoraría esto por encima de todo lo demás.

El autor de Ester nos narra con precisión acerca del poder y la autoridad que tenía Asuero para posteriormente llevarnos a conocer las posesiones reales. Leemos cómo es que los invitados del rey, al entrar en su palacio, podían no solo ver su fama y el alcance de ella, sino sus riquezas. Este banquete era el evento del año; Asuero mostraba abiertamente sus riquezas y en la descripción que hace el autor podemos ver el énfasis sobre este personaje y su banquete.

El reino del hombre nos ha presentado por mucho tiempo, a través de sus filosofías, que «valemos por lo que tenemos». Con esa filosofía en mente, Asuero valía mucho porque tenía muchas posesiones. De hecho, gran parte de la cultura se maneja de esta forma; hay discriminación y sectarismo que daña, esto por el estatus social o bien, porque las personas que están en el poder son envidiadas o hasta imitadas por lo que tienen. Bien se dice: «dale poder y privilegios a un hombre, y conocerás el carácter de ese hombre». Todo esto es muy diferente al reino del Señor. ¿Recuerdas al joven rico al que Jesús le pidió dejar todas sus riquezas para seguirle (Luc. 18:22)? Así se ve de diferente el reino de Dios y el reino del hombre, así Dios ve los tesoros terrenales y los tesoros en el cielo.

Las riquezas no son solo una fachada de un carácter débil y orgulloso en la vida del rey Asuero, sino que también son una aparente libertad. La realidad es que él estaba controlando lo que bebían sus invitados y colocaba la tentación frente a ellos sin hacerse responsable de las decisiones de cada persona. Algo parecido hizo aquella serpiente que solo plantó la duda en la mente de Eva para luego verla morder el anzuelo.

Esta es la primera vez que se menciona el nombre de la reina Vasti, nombre persa que significa «la deseada». No se nos da muchos detalles sobre el banquete que ella ofreció en su casa, tampoco se menciona por qué ella se encontraba separada del rey Asuero o de su banquete, pero el versículo es introductorio a lo que vendrá después acerca de la historia del pueblo de Dios.

A través de toda la historia conocemos reyes paganos; sin embargo, sus leyes y control a través del poder que se les ha dado han sido limitados por un período de tiempo, limitados por Quien tiene todo el poder para restringírselos, aunque ellos no reconozcan a Dios. No obstante, si ellos no reconocen a Dios eso no hace que Dios sea menos Dios o menos poderoso, aun así, los propósitos de Dios avanzarán.

La buena noticia de este libro y de toda la Biblia es que Dios tiene el control, Dios está obrando a veces de manera visible y otras veces en silencio; ¡pero «el Señor reina; regocíjese la tierra»! (Sal. 97:1).

# PARA MEDITAR

1. ¿Cómo comparas al rey Asuero con el rey Salomón?
Lee 1 Reyes 3:5-15 para responder.

2. Tanto Asuero como Salomón fallaron. Lee 1 Reyes 11:1-13.
Pero Dios soberano prevalecería en Su promesa, y del trono
de David —Judá— vendría el Rey con verdaderas riquezas
y un mejor banquete. Compara a estos dos reyes con Cristo.
(Lee Luc. 1:20:21; Juan 6:38-40; Fil. 2:9-11) en cuanto a Dios.

3. Al mirar la forma en que el rey Asuero atesoraba sus
riquezas, la forma en la que las usaba para obtener beneficios
de otros y de cómo le daban identidad, ¿de qué maneras crees
que las riquezas que posees (monetarias, de conocimiento,
bienes materiales, etc.) han influenciado la forma en la que
te diriges a otros ya sea para beneficiarte de ellos, o para
sobresalir entre ellos?

4. Lee Lucas 14:15-24 y responde: ¿Cuál es el banquete más
importante al que no puedes faltar? ¿En qué se diferencia con
el banquete de Asuero?

5. ¿En qué situaciones te has visto tentada por tener todo a la
mano?

6. El rey Asuero controla todo para su propia gloria y no
para el bienestar de su pueblo frente a naciones vanas. Dios
actúa de manera diferente, aun con un jefe, un padre o una
autoridad injusta. ¿Cómo debemos responder nosotras?
Lee 1 Timoteo 2:2; Salmo 97:1; Mateo 10:28.

7. Cuando recibimos alguna bendición de parte de Dios ¿le
damos la gloria a Él o a nosotras mismas?

8. Como exiliadas en este mundo no encontraremos plenitud
ni identidad acumulando las riquezas que este mundo ofrece

y valora, tampoco con una autoridad desordenada y egoísta. ¿Cómo se ven la autoridad y las riquezas en Cristo?

| JESÚS AUTORIDAD | RIQUEZAS | AUTOPROMOCIÓN/ GLORIA PERSONAL |
|---|---|---|
| Juan 13 | Juan 17:3 | Juan 20 |
| Marcos 10:42-45 | Efesios 1:3-23 | Romanos 12:3 |

9. Según lo leído, contrasta cómo se ve el poder de Dios con el del rey Asuero:

ASUERO                    DIOS

10. Describe dos formas en las cuales atesoras tu salvación en tu día a día.

RESPONDE A DIOS EN ORACIÓN POR LO QUE HAS APRENDIDO

# Día 4

# La rebeldía del hombre

## Ester 1:10-15

*Al séptimo día, cuando el corazón del rey estaba alegre a causa del vino, él ordenó a Mehumán, a Bizta, a Harbona, a Bigta, a Abagta, a Zetar y a Carcas, los siete eunucos que servían en la presencia del rey Asuero, que trajeran a la reina Vasti a la presencia del rey con su corona real, para mostrar al pueblo y a los príncipes su belleza, porque era muy hermosa. Pero la reina Vasti rehusó venir al mandato del rey comunicado por los eunucos. Entonces el rey se enojó mucho y se encendió su furor en él. Entonces el rey dijo a los sabios que conocían los tiempos (pues era costumbre del rey consultar así a todos los que conocían la ley y el derecho, y estaban junto a él Carsena, Setar, Admata, Tarsis, Meres, Marsena y Memucán, los siete príncipes de Persia y Media que tenían entrada a la presencia del rey y que ocupaban los primeros puestos en el reino): Conforme a la ley, ¿qué se debe hacer con la reina Vasti, por no haber obedecido el mandato del rey Asuero comunicado por los eunucos?*

A lo largo de la historia de la humanidad podemos ver cómo hombres y mujeres se enfocan en sí mismos. En los gobiernos, se preocupan por las leyes, por el gobernante, pero nadie por el pueblo.

El hombre muestra que cuando es el centro de atención puede dar rienda suelta al enojo, a la ansiedad o a la codicia; todo esto se traduce en injusticia.

Cuando el hombre solo piensa en sí mismo y en su propia agenda utiliza todo lo que tiene, incluyendo a las personas que él cree son inferiores a él, para alcanzar sus objetivos personales. Pero el hombre o rey que confía en sí mismo no es de confiar para quienes lo rodean, por sus motivos ególatras y por su impulsividad.

En la porción bíblica que hoy leemos, podemos darnos cuenta de que Dios usará la pobreza espiritual del rey Asuero y la rebeldía de la reina Vasti para abrir el escenario a la entrada de Ester.

En todo el libro de Ester veremos que los banquetes, o las fiestas, tienen un lugar predominante. Los persas veían la bebida y las fiestas, juntamente con la toma de decisiones, de manera diferente a como lo vemos nosotras. Ellos creían que los «espíritus» se unirían trayendo consejo, para que una vez sobrios deliberaran y decidieran lo que se haría en función de sus consejos.[1]

La reina Vasti era hermosa y atrevida. Más allá de rehusarse a obedecer el mandato del rey borracho, el autor de Ester no nos relata más de ella. Aunque el contenido dedicado a Vasti en el texto es mínimo, su negativa a presentarse ante el rey es una faceta importante en la preservación de su pueblo por parte de Dios.

El rey Asuero no quería saber más nada de la reina Vasti porque ella había transgredido su mandato. ¡Cuán agradecidas podemos estar porque Dios soberanamente estuvo dispuesto a perdonar nuestra rebeldía para llevarnos a una relación correcta con Él.

El premio más dulce del evangelio no es que consigamos el cielo, sino que entremos en una relación perfecta y eterna con Él. Dios nos quería incluso cuando nosotras no lo queríamos. Nos buscó incluso cuando nosotras no lo buscábamos.

---

[1]. Jobes, Karen H., *Esther, NVI Comentario de aplicación* (Grand Rapids, MI: Zondervan, 1999).

Al final, no es lo mismo demandar honor y respeto que dar honor y respeto a quienes se lo merecen. Quienes buscan ser honrados son humillados (Sal. 18:25-27; Sant. 4:6). A diferencia de Asuero, todo lo que Dios hace en la vida de Sus hijos, aun ser humillados, es gracia.

Nuestro reino será derribado cada vez que queramos ser nuestros propios reyes, o que deseemos ganarnos un trofeo a costa de otros. Los «no» de Dios a nuestros deseos orgullosos nos llaman a ver a Cristo sentado sobre cada título dado a un hombre, nos capacita y nos da la sabiduría para vivir para la gloria de Su nombre y no para la nuestra (Gál. 6:14). Si lo que más buscamos es ser honradas antes que dar honor a Dios, podemos perdernos en nuestras vanas ilusiones. Al final Él nunca dejará de ser Rey; la rebeldía del hombre no lo quita de Su trono, solo lo engrandece.

# PARA MEDITAR

1. ¿Tienes que saber siempre los porqués de lo que acontece en tu vida? ¿Cómo tu respuesta contrasta con Isaías 45:6-7?

2. ¿Qué es lo que más te llama la atención de estos versículos? ¿Puedes ver la rebeldía de los personajes?

3. ¿Por qué crees que el autor del libro de Ester no menciona la explicación o razón de que Vasti no asistiera al llamado de Asuero? ¿Cómo Dios lo usa en esta historia?

4. Asuero se enoja cuando su esposa, la reina, lo desobedeció. ¿Qué muestra que hay detrás de su enojo? ¿Cuál es el proceso de decisión sobre ella?

5. ¿Cómo Dios le pide a Moisés escoger jueces? Lee Éxodo 18:13-21. ¿Qué diferencia hay entre las características de estos jueces y las características de los príncipes que conocían la ley y el derecho en esta historia?

6. Cuando no obtienes lo que deseas para tu propio bienestar u orgullo ¿te enojas, te enciendes en ira? ¿Cómo actúas cuando Dios no responde tus peticiones?

7. El pecado no reconocido solo lleva a más pecado. ¿Cómo se ve esto en la vida de Asuero como esposo y en la vida de Vasti como esposa? ¿Cómo se ve en ti?

8. Asuero y Vasti se sienten ofendidos por los actos del otro. Ambos piensan solo en sí mismos. Ahora tú escribe: ¿en qué ocasiones hemos ofendido a Dios? Luego, escribe; ¿qué hizo Dios con nuestras ofensas? Para responder, lee y escribe lo que dicen estos pasajes en tus propias palabras: Santiago 2:10, Romanos 3:23, 2 Corintios 5:18-21; Isaías 1:18.

9. ¿Por qué necesitamos buenos consejeros en nuestras vidas? Lee Colosenses 3:16. ¿Estás siendo una buena consejera para

otras mujeres? A la luz de lo que hemos estado leyendo, ¿de qué forma puedes mejorar el aconsejar a otras?

10. Sin la intervención de Dios somos como Asuero, Vasti o incluso como los malos consejeros. ¿En qué maneras, como ellos, te pones en el centro o has usado a otros?

11. Contrastemos a Jesús y a Asuero.

| JESÚS | ASUERO |
|---|---|
| Poder: Marcos 4:39; 5:13, 29 | Poder |
| Obediencia: Filipenses: 2:8; Juan 5:19; 12:49 | Obediencia |
| Sacrificial: Juan 13:4-5; Efesios 5:25 | Sacrificial |
| Merece toda gloria y honor: Apocalipsis 5:11-14; Efesios 5:26-27 | Gloria y honor |

12. ¿Cómo puedes dejar tu rebeldía para obedecer a Dios hoy con lo que Él te ha dado?

**RESPONDE A DIOS EN ORACIÓN POR LO QUE HAS APRENDIDO**

# Día 5

## Con el orgullo herido

**Ester 1:16-22**

*Y en presencia del rey y de los príncipes, Memucán dijo: «La reina Vasti no solo ha ofendido al rey sino también a todos los príncipes y a todos los pueblos que están en todas las provincias del rey Asuero. Porque la conducta de la reina llegará a conocerse por todas las mujeres y hará que ellas miren con desdén a sus maridos, y digan: "El rey Asuero ordenó que la reina Vasti fuera llevada a su presencia, pero ella no fue". Y desde hoy las señoras de Persia y Media que han oído de la conducta de la reina hablarán de la misma manera a todos los príncipes del rey, y habrá mucho desdén y enojo. Si le place al rey, proclame él un decreto real y que se escriba en las leyes de Persia y Media para que no sea revocado, que Vasti no entre más a la presencia del rey Asuero, y que el rey dé su título de reina a otra que sea más digna que ella. Y cuando el decreto que haga el rey sea oído por todo su reino, inmenso como es, entonces todas las mujeres darán honra a sus maridos, desde el mayor hasta el menor. Esta palabra pareció bien al rey y a los príncipes, y el rey hizo conforme a lo que fue dicho por Memucán. Y envió cartas a todas las provincias del rey, a cada provincia conforme a su escritura y a cada pueblo conforme a su lengua, para que todo hombre fuera señor en su casa y que en ella se hablara la lengua de su pueblo.*

Conforme avanzamos en nuestro estudio ¡la historia se pone mejor! ¿No sientes cómo nos está llevando a algún momento cúspide? Dios está usando una serie de decisiones hechas por la reina Vasti y el rey Asuero para el cumplimiento de Su plan. Aun cuando no sabemos por qué Vasti no asistió, por qué Asuero prefirió dejar en manos de sus consejeros el futuro de su esposa y la casa real y por qué su compañía de consejeros pensó que la decisión de Vasti al no presentarse delante del rey afectaría a todos los hogares en las 127 provincias, sí tenemos la información que necesitamos acerca de Dios. Recordemos que esta historia se trata de Dios y Su promesa para con Su Pueblo, no del rey Asuero, no de la reina Vasti y no de nosotras.

No siempre los receptores de una dádiva saben cómo o por qué la reciben. El autor de Ester nos deja ver la consecuencia de la decisión de la reina Vasti. No nos sorprende su decisión cuando recordamos que desde los primeros versículos del capítulo uno, se nos da una radiografía del carácter del rey Asuero. De esta manera lo que Dios hará en los siguientes capítulos tendrá mayor realce y gloria a Él. Este rey pomposo, aparentemente invencible que deseaba mostrar todo su poder para subyugar a sus invitados a unírsele en su fiesta para él mismo, deseaba mostrar la última posesión que tenía: a su hermosa esposa. Pero quedó avergonzado por ella con un: «no iré».

La preocupación de Memucán acerca de que las mujeres no se sublevaran a sus esposos combinado con el enojo y la embriaguez de Asuero, los llevó a actuar de acuerdo con sus emociones más que con cabalidad. Todos estaban pensando en sus intereses. Quizás revoloteaba en sus mentes: «el respeto se gana, no se da». ¿Te imaginas un gobierno que imponga esa ley sin más detalles? Un hombre que realiza esto no está actuando con base en su orgullo herido; centrado en sí mismo él hará que se le respete y pedirá que se respete también a todo hombre.

El autor de Ester no nos dice cuáles son las implicaciones en el caso de que una esposa no cumpliera esta ley. ¿Acaso sería echada fuera de su hogar o de su provincia de no hacerlo? ¡Qué diferente es el reino de Dios! Puesto que en Su Palabra tenemos mandatos puntuales sobre el trato de un esposo a una esposa, y de una esposa a un esposo; mandatos que dignifican y valoran a la mujer y al hombre por ser creados a la imagen y semejanza de Dios.

# PARA MEDITAR

1. ¿Qué está sucediendo en estos pasajes?

2. Dios permite la desobediencia y obra a través de ella para llevar a cabo Su plan y para Su gloria. Lee Génesis 50:20. ¿Qué atributo de Dios resalta en este versículo y en esta historia?

3. Busca en un diccionario el significado de *providencia* y escríbelo.

4. ¿Cuál crees que es la motivación de Memucán y el rey Asuero para emitir esa ley?

5. ¿Qué dice la Biblia sobre buscar consejo? Lee los siguientes pasajes sobre consejos y escribe lo que te enseñan.

> Salmos 1:1
> Proverbios 1:10
> Ester 5:14
> Job 5:13
> Proverbios 11:14
> Proverbios 12:5

6. ¿Qué dice la Biblia sobre el consejo de Dios, Su Palabra? Lee los siguientes pasajes sobre consejos y escribe lo que te enseñan.

> Job 38:2
> Job 42:3
> Salmo 33:11
> Salmo 73:24
> Proverbios 19:21

7. Sin la intervención de la gracia de Dios, somos como Asuero: egoístas, sin dominio propio, orgullosas, sin carácter

firme, iracundas. ¿Cómo se ven afectadas nuestras relaciones por las reacciones del otro?

8.  ¿Cómo Cristo obra en nosotras para día a día cambiar nuestra forma de vivir? Lee Romanos 6:19; 2 Corintios 2:18 para responder.

9.  ¿De qué maneras Cristo es un mejor Rey y esposo? Lee y responde.

> Poderoso – Marcos 4:39; Juan19:11
> Glorifica al Padre – Juan 13:31
> Humilde – Juan 5:44
> Servidor – Juan 13:4-5
> Buen esposo – Efesios 5:25

10.  ¿Cómo un matrimonio cristiano vive en opuesto al matrimonio del rey Asuero con la reina Vasti a la luz de Efesios 5:20-33?

11.  A la luz del evangelio, ¿qué debe prevalecer en un matrimonio? Lee Colosenses 3:12-14.

12.  ¿Cuál crees que es el tema principal en la porción bíblica que estudiamos hoy? ¿Cómo te ayuda a terminar la semana para meditar?


**RESPONDE A DIOS EN ORACIÓN POR LO QUE HAS APRENDIDO**

# SEMANA 2

# Dios comienza a llevar a cabo Su plan de salvación

¿**R**ecuerdas que respondiste en el primer día de este estudio sobre qué habías aprendido de la historia de Ester? Hoy comenzaremos a estudiar el capítulo 2, quizás uno de los más mal interpretados. Sin embargo, deseamos que después de la descripción histórica puedas corroborar por ti misma que el capítulo no está hablando de la forma en cómo se prepara el ungimiento para un ministerio de mujeres, ni es un concurso de belleza con final feliz.

Estas mujeres literalmente estaban bajo un gobierno controlador a cargo de un rey egoísta e inseguro; eran obligadas a dejar sus hogares solo por su belleza externa. Todas las elegidas serían parte de un harén, no podrían salir a casarse con alguien más, ni tener hijos, ni volver a ver a sus padres. Toda la preparación que nos narra este capítulo en cuanto a la preparación de las mujeres no tiene que ver con un spa en su totalidad, sino con competencia, temor e incertidumbre.

Ester vino ante el rey en su séptimo año (v. 16). Eso indicaría un período de cuatro años entre el capítulo 1 y el 2. Los eventos en este capítulo ocurren durante el tercer año del reinado de Asuero (Est. 1:3) pero para ese tiempo una nueva reina sería escogida, y Asuero estaría en el año séptimo de su reinado (Est. 2:16). Es probable que la invasión griega ocurriera durante ese tiempo, en la cual Asuero ha perdido contra el ejército griego.[1]

Entonces, el capítulo 2 comienza con un rey derrotado. Especulamos que posiblemente el rey aprovechó ese tiempo para reflexionar acerca de lo que sucedió en esos últimos años y quizás llegó a sentirse un poco solo. Una vez más podemos ver cómo las decisiones del rey Asuero nuevamente fueron aconsejadas, y vemos también que sus consejeros no cambian. Así que sus decisiones son hechas desde un corazón enojado lo que llevará a satisfacer sus deseos, mas no una sabiduría justa. Aun así, Dios todo lo usará para Sus planes y propósitos. Dios reina.

[1] Dato de Biblia de Estudio Herencia Reformada, Poiema 2018

# Día 1

## La sabiduría del mundo

### Ester 2:1-4

*Después de estas cosas, cuando el furor del rey Asuero se había aplacado, él se acordó de Vasti, de lo que ella había hecho y de lo que se había decretado contra ella. Entonces los cortesanos al servicio del rey, dijeron: «Busquen para el rey muchachas vírgenes y de buen parecer. Que el rey nombre oficiales en todas las provincias de su reino para que reúnan a todas las jóvenes vírgenes y de buen parecer en el harén de la fortaleza de Susa. Estarán bajo la custodia de Hegai, eunuco del rey, encargado de las mujeres, y que se les den sus cosméticos. Entonces la joven que agrade al rey sea reina en lugar de Vasti». Esto le pareció bien al rey, y así lo hizo.*

¿Qué veremos? Pecado, sufrimiento y soberanía de Dios en los eventos providenciales que Él está controlando. Vivimos en un mundo caído y muchas veces colaboramos con ello. Sin embargo, Dios en Su gracia no nos echa fuera, sino que nos libera incluso de nosotras mismas y nos usa para Sus propósitos. Observaremos las consecuencias dolorosas que nos recuerdan buscar consejos que ayuden a nuestra fe, más que a nuestra carne. Y que aun la mejor idea o propuesta no llenará nuestras necesidades más profundas.

Después de una gran fiesta con alcohol desenfrenado, más orgullo y ego mezclados, vienen las consecuencias. «Después de estas cosas, cuando el furor del rey se había aplacado» (v. 1). Aquellos llamados «más cercanos», lo quieren agradar sustituyendo el vacío que hay en el trono como consecuencia de sus malos consejos, con otro consejo más: El rey necesita otra reina, una «más digna» dijo Memucán, y claro, más hermosa.

Este es un rey que hace como quiere según sus pasiones e inmadurez, utiliza todo para su necesidad, pero, aunque por un minúsculo momento pueda pensar que él está reinando, la realidad es que el Dios soberano está usando todo para Sus propósitos, para cumplir Su plan. Nada se ha salido de Su control para Su pueblo exiliado y Su promesa de pacto. Mientras la historia nos narra la realidad del pecado del hombre, vemos sobre él la mano de Dios, y que todo ayuda a bien para Sus hijos llamados conforme a Su propósito (Rom. 8:28).

Este no es un concurso de belleza, como bien dijimos. Quizás para algunas era un privilegio ser parte, o más bien ser usada, para los deseos del rey. Las que no fueran escogidas no eran libradas, sino que se quedaban allí para realizar servicios menores, o quizás en alguna noche de borrachera el rey las llamara.

Este es un rey que cree que su sabiduría es mejor para llevar su reinado. ¡Cuán diferente es nuestro Rey y Señor! Quien, a pesar de nuestras malas decisiones y pecado, si vamos a Él no nos rechaza, no nos cambia por alguien más, sino que nos perdona y usa lo malo en un aprendizaje de crecimiento de fe para nuestro bien y Su gloria para siempre. Todo está permeado bajo Su soberanía y sabiduría.

# PARA MEDITAR

1. ¿Por qué tomar decisiones cuando estamos enojadas es una mala idea? ¿Cómo tomas las decisiones, acudes con alguien, actúas y después piensas?

2. ¿Cómo el remordimiento se ve diferente al verdadero arrepentimiento? Lee 2 Corintios 7:9-10 para responder. ¿Cómo se ve el tuyo?

3. Asuero buscó una esposa hermosa, pero Jesús nos ha convertido en una inigualable; nos ha llamado en amor hacia Él por medio de Su obra en nuestro lugar. ¿De qué manera puedes adorarle y obedecerle en respuesta a quién te ha dado y con lo que te ha dado?

4. ¿Cómo actuar según la sabiduría del mundo trae consecuencias terribles? Lee Santiago 3:14-16 y describe sus características.

5. Muchos hombres en la Biblia, justos e injustos, tomaron malas decisiones. Lee sus historias y escribe cuáles son las razones detrás de sus malas decisiones y lo que Dios hizo o cómo Dios respondió.

| Personaje | Pasaje | Pecado | Respuesta de Dios |
|---|---|---|---|
| Abraham | Gén. 20:1-10 | | |
| Moisés | Núm. 20:10-13 | | |
| Sansón | Jue. 16:4, 10-16 | | |
| David | 2 Sam. 11:1-5; 12:24 | | |
| Salomón | 1 Rey. 11:1-7 | | |

6. Según Ester 2:1, ¿crees que Asuero tenía remordimiento o arrepentimiento? ¿Cómo expresaría mejor su responsabilidad?

7. Asuero recibía consejos de sus cortesanos con sabiduría terrenal. ¿Qué resultado tuvo?

8. ¿Qué consejos dio Pablo a Timoteo? Lee 1 Timoteo 2:1-5 y 2 Timoteo 2:1-4.

9. ¿Quién o qué nos influencia? Podrás responder al ver qué frutos muestras, de tu carne o del Espíritu. Gálatas 5:18-25.

10. ¿Cómo este decreto contra las mujeres se ve en este mundo?

11. ¿Cómo Jesús trata a las mujeres de forma diferente a Asuero? Lee Juan 4:5-12; 8:1-11; Marcos 14:3 para responder.

12. Cuando pecamos buscamos constantemente sustitutos de Dios. Al tornarnos a ellos, nos alejamos de Dios, pero solo Dios salva, el pecado no. ¿Cómo se ve en tu vida?

## RESPONDE A DIOS EN ORACIÓN POR LO QUE HAS APRENDIDO

# Día 2

# Una descendencia que no perece

**Ester 2:5-7**

> *Y había en la fortaleza de Susa un judío que se llamaba Mardo-*
> *queo, hijo de Jair, hijo de Simei, hijo de Cis, benjamita, que había*
> *sido deportado de Jerusalén con los cautivos que habían sido*
> *deportados con Jeconías, rey de Judá, a quien había deportado*
> *Nabucodonosor, rey de Babilonia. Y Mardoqueo estaba criando a*
> *Hadasa, es decir, Ester, hija de su tío, pues ella no tenía ni padre*
> *ni madre. La joven era de hermosa figura y de buen parecer, y*
> *cuando su padre y su madre murieron, Mardoqueo la tomó como*
> *hija suya.*

En medio de lo que nos toca vivir, vive para la gloria de Dios. Algunas veces requiere obediencia por los errores de otros, otras veces aun en disciplina, Dios preserva y ha preservado a Su pueblo. Su descendencia no perecerá. Pareciera que realmente la historia de Ester comienza porque sale la protagonista, aparentemente. Sin embargo, Dios es el productor, narrador, director de libreto y vestuario en esta historia. Su historia. Así que es de alegría ver que Dios y Su plan siempre son los protagonistas.

Como explicamos al inicio sobre el contexto, Mardoqueo pertenecía juntamente con Hadasa —Ester— a la generación que había sido deportada después del exilio de Babilonia. Precisamente después que Babilonia cayera en poder de Media y Persia (539 a.C.).

Sus nombres pudieron ser asignados por los persas, aunque eso no significa que aceptaron la cultura persa. Son como tú y como yo viviendo en un mundo anti Dios. Hadasa significa «mirto», Ester «estrella», ambos con significados para los babilonios por la diosa Ishtar, la diosa del amor. En Isaías 55:13, vemos años antes lo que Isaías dijo a través del significado de «mirto». Dios tiene el control, obrando para Su gloria.

# PARA MEDITAR

1. Para recordar, ¿por qué había judíos en Susa? ¿Cómo llegaron? Lee Daniel 1:1-4; Jeremías 52:28-30 y escribe en tus palabras la respuesta.

2. ¿Por qué aún estaban allí? Responde según Ester 1:2-3; Jeremías 29:6-7.

3. ¿Cómo hasta este momento, Dios está preservando a Su pueblo a pesar de su desobediencia? Lee Isaías 42:2-3.

4. Describe cómo has sido preservada en medio de las consecuencias de tu pecado y de otros. Lee Filipenses 1:6 y escribe la promesa que Dios nos da.

5. Mardoqueo y Ester están en el exilio en Susa
—lejos de Jerusalén, su tierra— aunque pertenecen
al pueblo de pacto, eso lo cambia todo.
Aun siendo extraños, exiliados, no están cortados
de las promesas del pacto.
¿Sabes cuáles son? Busca los textos y corresponde con la promesa.

| | |
|---|---|
| Deuteronomio 7:9 | Dios es fiel, verdadero que cumple Su pacto por amor. |
| Deuteronomio 31:8 | Dios nunca los dejará ni abandonará. |
| Hebreos 9:15 | Cristo es el mediador del nuevo pacto. |
| Génesis 9:11 | No los exterminará por diluvio. |
| Génesis 3:15 | La simiente de Dios —Cristo— vencerá. |
| Romanos 8:28 | Todo obra para bien. |
| Isaías 54:10 | Pacto de paz eterno, reconciliación, paz con Dios. |
| Ezequiel 36:26-27 | Andaremos en Sus caminos por el nuevo corazón que Él nos da y Su Espíritu en nosotras. |

| | |
|---|---|
| 1 Juan 5:20 | Por la fe en Cristo, tenemos vida eterna. |
| Génesis 12:1-3; 17 | Los gentiles son parte del pacto de Dios, son Su pueblo. |
| Romanos 8:37-39 | Por la obra de Cristo, nada los separará de Su amor. |
| Juan 10:27 | La salvación no se pierde. |

6. ¿Cómo nuestra desobediencia tuvo como resultado la cruz? Lee Romanos 5:8-10.

7. Describe un tiempo en el que hayas pasado por una dificultad a causa del pecado de otros.

8. Mardoqueo acogió y adoptó a Ester. ¿Cómo esta acción nos recuerda nuestra adopción en Cristo? Lee Gálatas 4:4-7 y responde: ¿De qué maneras se ve reflejada en tu vida la adopción-hijo-salvación-familia? ¿Quién realiza esta obra? ¿Fue en el momento que tu decidiste (v. 4)? ¿Cuál fue el resultado (v. 7)? ¿Cuál fue el propósito (v. 5)?

9. ¿De qué tribu era Mardoqueo? Según el pasaje ¿quiénes más en la Biblia son de esta tribu? Lee Romanos 11:1 y 1 Samuel 9:21. ¿Qué los diferencia? Aun en esto vemos el cumplimiento de la promesa de Dios al preservarnos no por las acciones de los hombres, sino por Su pacto, Su fidelidad, Su promesa.

10. Lee Génesis 39:6 sobre José. ¿Qué similitud encuentras con Ester 2:7b? ¿Cómo el autor nos narra cómo Dios obra?

## RESPONDE A DIOS EN ORACIÓN POR LO QUE HAS APRENDIDO

# Día 3

## Una vida obediente a Dios

**Ester 2:8-14**

*Y sucedió que cuando el mandato y el decreto del rey fueron oídos, muchas jóvenes fueron reunidas en la fortaleza de Susa bajo la custodia de Hegai; y Ester también fue llevada al palacio del rey, bajo la custodia de Hegai, encargado de las mujeres. La joven le agradó y halló favor delante de él, por lo que se apresuró en proveerle cosméticos y alimentos; le dio siete doncellas escogidas del palacio del rey, y la trasladó con sus doncellas al mejor lugar del harén. Ester no dio a conocer ni su pueblo ni su parentela, porque Mardoqueo le había mandado que no los diera a conocer. Y todos los días Mardoqueo se paseaba delante del patio del harén para enterarse de cómo estaba Ester y qué le sucedía.*

*Cuando le tocaba a cada joven venir al rey Asuero, al cumplirse sus doce meses, según las ordenanzas para las mujeres, pues los días de su embellecimiento se cumplían así: seis meses con óleo de mirra y seis meses con especias y cosméticos para las mujeres, entonces la joven venía al rey de esta manera: cualquier cosa que ella deseaba se le concedía para que la llevara consigo del harén al palacio del rey. Ella entraba por la tarde y a la mañana siguiente volvía al segundo harén, bajo la custodia de Saasgaz, eunuco del rey, encargado de las concubinas. Ella no iba otra vez al rey a menos que el rey se complaciera en ella y fuera llamada por nombre.*

En medio de la persecución, comprométete a obedecer y perseverar por fe en el Señor, por Su Palabra. Dios es soberano en medio de los decretos del hombre. Él provee valentía a través de la fe para obedecer en las circunstancias que pasamos en este mundo.

Aunque Ester está obedeciendo las reglas del mundo, Dios está preservando a Su pueblo y a ella a través del favor de Dios delante de los hombres. Dios colocará a Ester en una posición de prominencia por Su providencia. Pronto nos damos cuenta de que las bendiciones de Dios en nuestras vidas no son para nuestro ego, sino para servir.

El autor de Ester nos deja ver que la cualidad que resalta en ella es la hermosura. Esto no es de alabanza, sino que inspira miedo. ¿Qué haría un rey pagano con la belleza de una mujer? ¿Qué estaría pensando Ester? No lo sabemos. Una vez más el autor no está interesado en que conozcamos los detalles de los personajes, sus pensamientos o sentimientos, sino que nos enfoquemos en lo que está sucediendo por medio de la mano providencial de Dios.

Tampoco sabemos qué pensó Mardoqueo, por qué permitió que se llevaran a Ester, por qué de un principio le pidió que negara su procedencia y fe. De hecho, ni Ester ni Mardoqueo sabían qué sucedería. Ellos no estaban planeando salvar a Su pueblo porque aún no se conocía el plan malévolo que vendría. Pero Dios, que todo lo conoce, sabe más. Probablemente ambos fueron voluntariamente porque vivían en una tierra pagana que en cualquier momento podría volverse agresiva. Quizás estaban pensando en ellos para protegerse y no en todo el pueblo de Israel. Recuerda: ellos eran como tú y como yo.

El pueblo de Dios no es perfecto, pero Su plan sí. Si nuestras imperfecciones nos descalificaran para ser usados por Dios, entonces ninguno sería usado. Él no está esperando sirvientes perfectos. Por eso envió a uno total y completamente perfecto: Jesús.

Nuestros previos compromisos con el mundo no nos descalifican para ser usados por Él y que Él infunda pasión por Él y Su pueblo. Todo aquello que hicimos y haremos, por fe está cubierto por la sangre de Cristo y Su gracia. Ester estaba al cuidado de Mardoqueo, pero aún más, ella estaba al cuidado de Dios; incluso en un harén.

En Persia todo se estaba orquestando para el avance del evangelio en medio de Su pueblo y por medio de Su pueblo: es así como la gran noticia en medio de las 127 provincias fue que las mujeres jóvenes y hermosas serían reclutadas para el harén del rey y la elegida por él sería su reina. ¿Irías?

# PARA MEDITAR

1. Identifica los verbos pasivos, aquellos que reciben la acción de un verbo, en estos pasajes, y escríbelos.

2. ¿Alguna vez has tenido que esconder que eres cristiana? ¿Por qué fue?

3. ¿Estarías dispuesta a estar un año con todas las atenciones que recibió Ester a cambio de una vida con Jesús? Quizá pensemos en automático que no, pero ¿le has dado más importancia a los deleites de la vida que a tu vida en dependencia de Jesús? ¿Cómo ha sido eso?

4. ¿Cuál es tu respuesta a la idea de que Asuero tomaba la virginidad de las mujeres y las usaba y dejaba en vergüenza, pero Jesús toma nuestra vergüenza y nos hace puras?

5. Lee Ester 4:1-16 para describir el escenario de los judíos en Persia. ¿Cómo esto muestra coherencia con la instrucción de Mardoqueo de no revelar quién era?

> Lee 2 Corintios 12:10
> Filipenses 1:29
> 2 Timoteo 3:12
> Juan 16:33

6. Escribe cómo el evangelio nos llama a responder en obediencia en medio de las circunstancias difíciles, así como Ester y Mardoqueo cuando aún no conocían todo el plan de Dios.

7. Hasta este punto ¿crees que esta historia tiene que ver con Ester?

8. ¿De qué maneras Asuero ejerció su autoridad para él mismo?

9.  Describe de qué maneras Jesús ejerció Su autoridad para nosotras. Lee Romanos 4:25; Juan 10:10-11; 14:24-26; 17:24, 26 para responder.

10.  En contraste, el evangelio no es una historia de amor en que un hermoso príncipe nos encuentra y cae rendido de amor por una novia pura y radiante. El evangelio es una historia de amor en que el radiante y puro novio escoge amar y purificar a la novia desechada que repetidamente se ha dado a la carne, al mundo y a los engaños de Satanás. No hay belleza en ella, solo pecado. Pero lo que Cristo hizo por nosotras solo nos benefició. Al contrario de Asuero que tomó la belleza de ellas para sus placeres, Cristo tomó nuestra fealdad y nos dio Su belleza delante del Padre. Asuero buscó una hermosa y virgen externamente, pero Jesús nos transformó internamente en una novia pura y sin mancha (Ef. 5:27). Asuero usó para esclavizar, Cristo murió para dar vida, y vida eterna (Rom. 6:23). ¿Cómo puedes responder hoy al Señor?

11.  Aquellas que han pasado por la dolorosa situación de un abuso pueden venir a Cristo, quien corre a ellas para limpiar su vergüenza. O quienes hemos cargado con la vergüenza de nuestros pecados, Cristo nos da esperanza en el evangelio. Lee Hebreos 1:2, Salmo 44:15, Romanos 10:11 y escribe lo que Cristo ha hecho por nosotras.

12.  Mardoqueo no puede cambiar la situación de Ester, pero Jesús cambia la nuestra. ¿Cómo? Lee Juan 8:36; Efesios 2:12-13 y responde.


RESPONDE A DIOS EN ORACIÓN POR LO QUE HAS APRENDIDO

# Día 4

## La gracia y el favor de Dios

**Ester 2:15-18**

*Cuando a Ester, hija de Abihail, tío de Mardoqueo, que la había tomado como hija, le tocó venir al rey, ella no pidió cosa alguna sino lo que le aconsejó Hegai, eunuco del rey, encargado de las mujeres. Y Ester hallaba favor ante los ojos de cuantos la veían. Ester fue llevada al rey Asuero a su palacio real el mes décimo, que es el mes Tebet, en el año séptimo de su reinado. Y el rey amó a Ester más que a todas las otras mujeres, y ella halló gracia y bondad con él más que todas las demás vírgenes. Así que él puso la corona real sobre su cabeza y la hizo reina en lugar de Vasti. Entonces el rey hizo un gran banquete para todos sus príncipes y siervos, el banquete de Ester. También concedió un día de descanso para las provincias y dio presentes conforme a la liberalidad del rey.*

Dios controla todo, todo el tiempo. No siempre vemos Su mano obrando en nuestras circunstancias, pero estemos seguras de que Él está dirigiendo nuestros pasos en cada detalle. Aún más, Él está dirigiendo el curso de todo el mundo y trabajando en todo y en todos.

Este es el objetivo en todo el capítulo 2. Dios tiene un plan y Él lo está mostrando en Ester mientras se encuentra en Persia. La providencia divina y Su soberanía están activas en el reinado de Asuero; esto lo podemos ver hasta en sus emociones, en los encargados como Hegai. Dios está trabajando en todo, aun lo que pareciera ordinario para algunos, Él está obrando para Sus propósitos. Recordemos que hay un rey sin reina (vv. 1-4), debido a que la inseguridad y el enojo fueron una combinación letal en el capítulo 1, sin embargo, Dios usó esos eventos en su momento y los usará más adelante.

Las mujeres fueron arrancadas de sus hogares, confiscadas por su belleza, pero hubo una israelita que aun sin saber de qué tribu era, fue adoptada por su primo Mardoqueo quien tuvo otra suerte. Una suerte que nada tenía que ver con ella, sino con la providencia de Dios. Este es un panorama del evangelio. Un pequeño éxodo está por ocurrir. Dios es el mismo ayer, hoy y siempre (Heb. 13:8), Él salva. Ese es y ha sido Su plan siempre. No se trata de Ester, ni del tiempo que vivió en un harén, sino del plan de salvación de Dios para aquellos que le pertenecen.

# PARA MEDITAR

1. El día de ayer descubrimos la frase: «hallaba favor» para referirse a Ester. ¿Qué te dice esto acerca de Dios, de Su plan y Su cuidado?

2. ¿Qué es *gracia* para ti? Cotéjalo con lo que dice la Biblia sobre la gracia leyendo Efesios 2:1-8. ¿Qué es *favor* para ti? Cotéjalo con lo que dice la Biblia sobre el favor leyendo el Salmo 5:12.

3. Si has perdido tu virginidad, ¿cómo conocer que Dios obra para presentarte la verdadera pureza? Lee Génesis 50:20; Romanos 5:8 y escribe una oración de agradecimiento porque hoy conoces a Dios.

4. ¿Crees que Ester hizo algo para merecer su situación difícil y luego ser coronada?

5. Según nuestro cuadro, ¿cuánto tiempo transcurrió después de la salida de Vasti hasta la llegada de Ester?

6. Escribe esas acciones en las cuales podemos ver la mano de Dios trabajando en y hasta la coronación de Ester en el capítulo 2.

7. Lee Proverbios 16:1,9; 21:1 y refuerza tu entendimiento de la obra de Dios en esta historia, al escribir lo que te enseña.

8. Lee Génesis 39:21-23 y Daniel 1:8-9. Responde: ¿qué similitudes encuentras en las circunstancias de Ester, José y Daniel con respecto al favor y la gracia de Dios?

9. Ester se encuentra en un lugar donde pareciera que Dios no existe, ni se menciona, con gobernadores impíos que no consideran a otros hechos a la imagen de Dios. ¿Por qué sucede? Lee Romanos 1:20-21; Juan 3:65 y escribe tus conclusiones.

10. Ester no confió en su propia belleza, sino que siguió el consejo de un oficial en la corte del rey. ¿Cómo Proverbios 12:15 se cumple en esta acción?

## RESPONDE A DIOS EN ORACIÓN POR LO QUE HAS APRENDIDO

# Día 5

# Hacer el bien, preservando sus vidas

## Ester 2:19-23

*Cuando las vírgenes fueron reunidas por segunda vez, Mardoqueo estaba sentado a la puerta del rey. Ester todavía no había dado a conocer ni su familia ni su pueblo, tal como Mardoqueo le había mandado, porque Ester hizo lo que le había dicho Mardoqueo, como cuando estaba bajo su tutela. En aquellos días, estando Mardoqueo sentado a la puerta del rey, Bigtán y Teres, dos eunucos del rey, guardianes del umbral, se enojaron y procuraban echar mano al rey Asuero. Pero el asunto llegó a conocimiento de Mardoqueo, y él se lo comunicó a la reina Ester, y Ester informó al rey en nombre de Mardoqueo. Cuando el asunto fue investigado y hallado cierto, los dos eunucos fueron colgados en una horca. Esto fue escrito en el libro de las Crónicas en presencia del rey.*

Dios es soberano sobre el reconocimiento y la recompensa. Dios es soberano sobre cuándo Mardoqueo sería recompensado o si alguna vez lo sería, por la denuncia de conspiración contra el rey. ¿Recuerdas la vida de José? (Gén. 39); hizo bien, pero recibía mal. En esta historia, ni Ester ni Mardoqueo planearon esto para recibir algo, sino Dios providencialmente lo usó para que su recompensa en realidad fuese usada para Sus propósitos divinos, justo como promete Romanos 8:28.

El plan de matar al rey Asuero le es revelado a Mardoqueo quien, por cuidar a su prima, Ester, se lo hizo saber a ella. Cuando el rey se entera de la conspiración en su contra manda a colgar a estos hombres. Fueron colgados en una horca que tipificaba una muerte vergonzosa en la cultura persa (Est. 6:11), hecho que fue escrito en el libro de las memorias del rey.

La vida del rey fue preservada, no por él o su posición, sino que sigue siendo el plan de Dios. Ester y Mardoqueo no fueron recompensados, ni reconocidos por salvar la vida del rey; no obstante, su acción fue guardada en el libro de las memorias del rey, un libro que tiempo después sería usado porque Dios sí ve. Mardoqueo hizo bien al usar la influencia de Ester para salvar la vida del rey, cada vida cuenta, pues todos hemos sido creados a la imagen de Dios (Gén. 1:26-27).

El autor nos deja ver que, aunque Ester fue escogida y la nombró su reina, el rey comisionó otro grupo de mujeres, ya no para darle una corona, sino solo para usarlas y saciar sus deseos. La razón de este segundo grupo de mujeres no está claro en el texto, solamente se nos dice que ocurrió en el año siete del reinado de Asuero. Lo que sucedió sobre este evento aparentemente fortuito es parte de todo lo que Dios está obrando para Su plan, es decir, preservar la vida del pueblo del cual vendría el Salvador del mundo. Dios estaba salvando sus vidas y preservando Su pueblo por la fe de Abraham, del cual procedemos tú y yo.

# PARA MEDITAR

1. Dos veces se menciona en el capítulo 2 la obediencia de Ester a Mardoqueo (Est. 2:10; 2:20). ¿Qué nos pueden decir sobre el cuidado de Mardoqueo hacia Ester?

2. ¿Cómo esta acción está llevando a Mardoqueo y ahora a la reina Ester a ser fuentes de información confiables para el rey?

3. La frase «en aquellos días» es transicional. ¿Qué nos dice sobre el día a día de Mardoqueo?

4. ¿En qué se diferencia Mateo 10:32-33 con las acciones de obediencia de Ester a Mardoqueo en no decir su nacionalidad y el Dios en quien creía?

5. ¿Cómo has practicado el bien a otros aun si no son cristianos?

6. ¿Qué dice Colosenses 1:21 sobre tu estado espiritual o tu relación con Dios?

7. ¿Qué dice Efesios 2:3 sobre la razón de ese estado espiritual?

8. ¿Qué dice Colosenses 1:22 sobre la respuesta de Dios a ese estado espiritual?

9. ¿Qué dice Efesios 2:4-9 que Dios nos provee para tener una relación con Él? ¿No es este el mayor bien que podemos recibir y no nos será quitado?

10. No conocemos las intenciones del corazón de Ester y Mardoqueo, pero los llegamos a conocer basándonos en lo que el autor describe de ellos. Pero, si tú hubieses hecho lo que hizo Ester, ¿cómo te sentirías? Y si hubieses hecho lo que

hizo Mardoqueo, ¿cómo responderías al olvido del rey, a quien le hiciste un bien?

11. ¿Cómo ves en estos versículos la providencia de Dios? ¿En qué hecho específicamente?

12. ¿Cómo puedes ser diferente por la obra de salvación en tu vida? Lee Lucas 17:11-19. Sea esta actitud en todo el pueblo de Dios en torno a Su salvación. Medita en las razones por las que ser salva es un bien para tu alma.

## RESPONDE A DIOS EN ORACIÓN POR LO QUE HAS APRENDIDO

# SEMANA 3

# Dios va delante

«Después de esto». Imagina que justo inmediatamente después de tu buena acción de salvar al rey, te enteras de que ese rey engrandece a tu enemigo. ¿Quién es este enemigo? No es nada más que el enemigo de Dios. Sí, la batalla es del Señor.

En este capítulo nos encontraremos con otro personaje: Amán. Digno representante de Satanás, hace lo que mejor sabe hacer cuando no recibe adoración: maquinar, conspirar, realizar un complot para aniquilar al que no se atreve a rendirse a él. ¡Alto! Antes de que pienses lo malo que es Amán, considera también cuántas veces nos parecemos a él. En cuántas situaciones nos molestamos cuando no nos adoran solo porque somos maravillosas.

No solo aprenderemos cómo se ve la maquinación de un corazón que desea adoración, sino de cómo Dios va delante de Su pueblo. Nos maravillaremos de cómo Dios providencialmente orquesta todo para el propósito del avance de Su reino. No quites de tu mente esto mientras lees. La mano de Dios está en todo lo que ocurre. Nada es casualidad, así como todo lo que ocurre en nuestros días y vidas, nada ha ocurrido sin que nuestro maravilloso Dios lo permita.

Hay un enemigo que siempre ha existido, que desea que el pueblo de Dios sea aniquilado totalmente. Esto no es ficción, es una realidad. El pueblo de Israel estaba a punto de ser aniquilado para que no quedara rastro de esa simiente que le cortaría la cabeza (Gén. 3:15). Aquí veremos simiente contra simiente representadas en viejos enemigos del pueblo de Israel, pero nos admiraremos del Dios que va delante de Su pueblo.

Lo maravilloso es que tú y yo nos encontramos en la misma posición que el pueblo de Dios en el jardín del Edén. Un decreto para matarnos nos amenaza y del que ningún ser humano puede liberarnos. A pesar de nuestra inhabilidad, muchas veces nos rehusamos a honrar a Dios porque deseamos vivir para nuestra gloria. Estamos tan necesitadas de ser rescatadas de nuestra rebelión que Él ha decidido rescatarnos a un gran costo. Amán usó su dinero para comprar muerte, Dios usa la muerte de Cristo para comprar vida. No hay precio más grande que se haya usado para pagar por nuestra libertad, y ese precio ha sido pagado completamente.

# Día 1

## ¿Honor o deshonor?

**Ester 3:1-4**

*Después de esto el rey Asuero engrandeció a Amán, hijo de Hame-
data el agagueo, y lo ensalzó y estableció su autoridad sobre todos
los príncipes que estaban con él. Y todos los siervos del rey que
estaban a la puerta del rey se inclinaban y se postraban ante
Amán, porque así había ordenado el rey en cuanto a él; pero Mardoqueo ni se inclinaba ni se postraba. Entonces los siervos del rey,
que estaban a la puerta del rey, dijeron a Mardoqueo: «¿Por qué
traspasas el mandato del rey?». Después que ellos le estuvieron
hablando día tras día y él se había negado a escucharlos, se lo
informaron a Amán para ver si la palabra de Mardoqueo era
firme, porque él les había declarado que era judío.*

Lo importante de poner atención a las declaraciones de tiempo
es que nos dan una idea del tiempo transcurrido entre diferentes
eventos. *«Después de estas cosas»*; esta declaración corresponde a un
tiempo entre el año séptimo (Est. 2:16, 3:7) antes del mes de Adar.
Esto es importante porque luego de que los acontecimientos parecen
transcurrir con lentitud, a partir de la coronación de Ester y la entrada
de Amán, todo se acelera. O más bien, Dios lo acelera. Los acontecimientos desde Ester 3:7 hasta Ester 9:18 suceden en un año (474 a.C).

Dios es quien controla el tiempo, no solo las circunstancias providencialmente. A partir del capítulo 3 nos introduce a la crisis, o el asunto a resolver. El personaje de Amán aparece como el «villano» de la narrativa porque es quien planea aniquilar a los judíos de todo el Imperio persa. Los capítulos 3 y 4 nos presentan la batalla del pueblo de Dios con los enemigos de Dios. Pero Dios es soberano por sobre quien recibe honor y deshonor.

No vemos a Mardoqueo recibiendo honra por algo que ha hecho; en su lugar está un agagueo. El rey Asuero ordenó que se rindiera todo honor a Amán, pero Mardoqueo rehusó rendirle honores. No conocemos las razones de Asuero para engrandecer a Amán, ni las de Mardoqueo para que no se inclinara o postrara ante Amán. Sin embargo, toma nota de que Mardoqueo no tiene en mente iniciar una revolución contra Amán, ni reclutó a nadie para hacerlo. El narrador solo nos dice lo que hizo Mardoqueo a título personal. ¿Por qué lo hizo? No lo sabemos.

Pero Dios usa su determinación de no honrarlo para que las cosas caminen según Sus planes. Dios usa tanto los deseos de Amán de ser honrado, como la actitud de Mardoqueo para que Sus propósitos para con Su pueblo avancen. Mientras estudiamos, consideremos las acciones de ambos hombres para examinar nuestras propias vidas.

# PARA MEDITAR

1. ¿Quién era Amán? ¿Qué significa que el autor nos haya detallado que era agagueo? Busca los versículos y responde:

a)  ¿Quién fue Amalec? – Génesis 36:12
b)  ¿Qué hicieron contra Israel? – Éxodo 17:8-16
c)  ¿Qué dijo Dios sobre los amalecitas? – Éxodo 17:14-16
d)  ¿Cómo se llamaba el rey de los amalecitas? – 1 Samuel 15:7-9
e)  ¿Qué no hizo Saúl? – 1 Samuel 15:2-3
f)  ¿De qué tribu era Saúl? – 1 Samuel 9:1
g)  ¿Quién mató a Agag? – 1 Samuel 15:23
h)  ¿Quién derrota a los amalecitas? – 1 Samuel 30:1-5
i)  ¿Cuántos escaparon? – 1 Samuel 30:17
j)  ¿Cómo sabemos que Amán estaba relacionado con Agag?
    – 1 Crónicas 4:42-43

2. ¿Cómo este contexto histórico te da una perspectiva de la historia que se está desarrollando? Explica en tus palabras a quién representa Mardoqueo y a quién representa Amán. ¿Crees que es un ejemplo del éxodo/la salvación? ¿Crees que esa hostilidad es razón para que Mardoqueo no se incline?

3. ¿Qué acciones descritas en el versículo 1 realizó Asuero sobre Amán?

4. Según el evangelio, ¿qué necesitamos hacer cuando buscamos vanagloria y honra? Lee Marcos 1:6; Santiago 4:6-10 para responder.

5. ¿Qué diferencia hay entre los amigos del profeta Daniel con Mardoqueo sobre la acción de no inclinarse y honrar a un líder impío? Lee Daniel 3:1-18.

6. ¿Qué aprendemos sobre Dios y Su obrar en Sus hijos?

7. ¿Cómo respondemos cuando no nos honran como creemos que nos deben honrar?

## 8. Marca tu respuesta

a) Me gusta ser honrada por otros.
b) Persigo ser honrada a costas de pecar.
c) Persigo más mi honra que la de Dios.
d) Me enojo con quienes no me honran.
e) Quiero más lo que el mundo ofrece.
f) Me enojo con Dios cuando me devuelve con mal cuando he obrado con bien.
g) Me siento realizada cuando me honran.
h) Necesito ser reconocida para tener un sentido de valor.

9. ¿De qué manera se honraba a alguien en Persia, según Ester 1:2, 7-8; 2:3, 8; 3:2?

10. ¿Cómo es diferente el honor que Dios dice de Su Hijo? Lee Filipenses 2:1-10, 1:20 para responder.

11. Lee 1 Timoteo 4:12 y describe cómo puedes ser un ejemplo de actuar honorablemente.

## RESPONDE A DIOS EN ORACIÓN POR LO QUE HAS APRENDIDO

# Día 2

## Planes de guerra

**Ester 3:5-15**

*Cuando Amán vio que Mardoqueo no se inclinaba ni se postraba ante él, Amán se llenó de furor. Y él no se contentó con echar mano solo a Mardoqueo, pues le habían informado cuál era el pueblo de Mardoqueo. Por tanto, Amán procuró destruir a todos los judíos, el pueblo de Mardoqueo, que estaban por todo el reino de Asuero. En el mes primero, que es el mes de Nisán, el año doce del rey Asuero, se echó el Pur, es decir la suerte, delante de Amán para cada día y cada mes hasta el mes doce, que es el mes de Adar. Y Amán dijo al rey Asuero: «Hay un pueblo esparcido y diseminado entre los pueblos en todas las provincias de su reino; sus leyes son diferentes de las de todos los demás pueblos, y no guardan las leyes del rey, así que no conviene al rey dejarlos vivos. Si al rey le parece bien, que se decrete que sean destruidos, y yo pagaré 340 toneladas de plata en manos de los que manejan los negocios del rey, para que los pongan en los tesoros del rey». El rey tomó de su mano el anillo de sellar y se lo dio a Amán, hijo de Hamedata el agagueo, enemigo de los judíos. Le dijo el rey a Amán: «Quédate con la plata y también con el pueblo, para que hagas con él lo que te parezca bien».*

*Entonces fueron llamados los escribas del rey el día trece del mes primero, y conforme a todo lo que Amán había ordenado, fue escrito a los sátrapas del rey, a los gobernadores que estaban sobre cada provincia y a los príncipes de cada pueblo, a cada provincia conforme a su escritura, a cada pueblo conforme a su lengua, escrito en el nombre del rey Asuero y sellado con el anillo del rey. Se enviaron cartas por medio de los correos a todas las provincias del rey para destruir, matar y exterminar a todos los judíos, jóvenes y ancianos, niños y mujeres, en un solo día, el día trece del mes doce, que es el mes de Adar, y sus posesiones dadas al saqueo. La copia del edicto que sería promulgada ley en cada provincia fue publicada a todos los pueblos para que estuvieran preparados para ese día. Salieron los correos apremiados por la orden del rey. El decreto fue promulgado en la fortaleza de Susa, y mientras el rey y Amán se sentaron a beber, la ciudad de Susa estaba turbada.*

No importa cuáles son los planes del enemigo, Dios preservará a Su pueblo por Su nombre. Amán debía colocar una fecha para su plan. Imagina, debía colocar una fecha para aniquilar a todo un pueblo, para cometer genocidio. A través de echar suertes, una especie de adivinación, el doceavo mes sería la fecha más favorable para matar a todos los judíos. Amán desconocía la Palabra de Dios que dice: «La suerte se echa en el regazo, pero del Señor viene toda decisión» (Prov. 16:33).

La fecha que obtuvieron al echar suertes no fue elegida por sus dioses, aunque ellos así lo hayan creído. Sino que fue elegida por el único Dios que gobierna y reina sobre todo y todos. Una evidencia clara de la gracia de Dios es que mientras Amán inició su complot durante el primer mes del año, la masacre sería hecha en el mes doceavo. Hay una gran distancia de tiempo.

Una vez que la fecha fue confirmada, Amán debía convencer a Asuero para aniquilar de su imperio a una etnia entera, como si fueran nada. Amán no presentó una verdad sino solo prejuicios para manipular, que no es muy diferente de lo que muchas veces nosotras hacemos cuando queremos salirnos con la nuestra.

En lo que Amán sí fue específico en su conversación con el rey Asuero, fue en la cantidad de dinero que él daría al reino si su plan era aprobado. Satánico, ¿no? Roguemos al Señor que nosotras, quienes somos representantes del reino de Dios, no seamos parte de planes como esos; que no honremos planes satánicos, por ejemplo: la aprobación del aborto o la filosofía de que la familia no es importante, mucho menos ser parte de un decreto o ley para que suceda.

Para Amán no fue suficiente planear un genocidio y pedir al rey que se llevara a cabo, también procuró un decreto público en todas las provincias. Todo el mundo se enteraría, los judíos y los no judíos, de que ya había una fecha para el asesinato del pueblo judío y sería en el mes de Adar. La aniquilación del pueblo debía realizarse en su totalidad, es decir, incluiría hombres y mujeres de todas las edades. Aparentemente, nadie cuestionó tal decreto o los motivos para llevarlo a cabo.

# PARA MEDITAR

1. Describe las reacciones de Amán. ¿A quién te recuerda que haya actuado igual en esta historia? ¿En qué se parecen según el versículo 6 con Ester 1:18-20?

2. ¿Qué verbos se repiten en los versículos 6,9,13 contra los judíos? ¿Cómo son llamados y considerados los judíos según Amán (v. 8)? ¿Quién es Amán para el pueblo judío según el versículo 10?

3. ¿Cómo la providencia de Dios fue llevada a cabo a través de la confesión de Mardoqueo que era judío?

4. «Echar las suertes» = Pur significa «suerte» para decidir el mes de destrucción. ¿Qué nos dice Proverbios 16:33 sobre echar suertes? Además, según los versículos 7 y 13 es en el mes de Nisán (marzo-abril) ¿Qué celebrarían los judíos en ese mes? Lee Éxodo 12:15 para responder. Describe qué diferencia hay entre este pasaje y lo que está ocurriendo en el capítulo 3.

5. Entre los versículos 7 y el 12 pasarán once meses para el día de destrucción. ¿Cómo estarías al saber que en once meses serás asesinada sin una aparente razón? ¿Cómo respondes cuando estás esperando que Dios obre en una situación difícil que aún no sucede?

6. Desde Génesis 3, la simiente de Satanás trama planes para destruir al pueblo de Dios, pero desde Génesis 3:15, Dios decretó que este enemigo sería derrotado por Su simiente. Aunque haya un decreto de muerte contra nosotros, Cristo deshizo este decreto con Su sangre (Gál. 3:16). Lee Daniel 4:4-17 y responde qué similitudes encuentras con esta historia, y qué puedes concluir del obrar de Dios.

7. ¿Qué piensas del genocidio? ¿Recuerdas el holocausto? ¿Cómo los cristianos necesitamos responder a esto?

8. ¿Cómo presenta Amán a los judíos según los versículos 8-9 a Asuero?

9. ¿Cómo te presenta Jesús delante de Dios?

10. Así como Asuero y Amán, ¿hay algún deseo que tengas en forma de venganza, enojo, recibir respeto o admiración? ¿Cómo lo demandas?

11. ¿Por qué vivimos esta constante guerra? Lee Juan 15:18-21 para responder.

12. ¿Cómo debemos responder? Lee Juan 16:33 para responder.


**RESPONDE A DIOS EN ORACIÓN POR LO QUE HAS APRENDIDO**

# Día 3

# Dolor que inunda.
# Angustia en gran manera

## Ester 4:1-4

*Cuando Mardoqueo supo todo lo que se había hecho, rasgó sus*
*vestidos, se vistió de cilicio y ceniza, y salió por la ciudad, lamen-*
*tándose con grande y amargo clamor. Y llegó hasta la puerta*
*del rey, porque nadie podía entrar por la puerta del rey vestido*
*de cilicio. En cada una de las provincias y en todo lugar donde*
*llegaba la orden del rey y su decreto, había entre los judíos gran*
*duelo y ayuno, llanto y lamento. Muchos se acostaban sobre cilicio*
*y ceniza. Vinieron las doncellas de Ester y sus eunucos y se lo*
*comunicaron, y la reina se angustió en gran manera. Y envió ropa*
*para que Mardoqueo se vistiera y se quitara el cilicio de encima,*
*pero él no la aceptó.*

Amán había convencido a Asuero para aniquilar a los judíos, un
plan hecho en enojo arrebatado y orgullo herido. El edicto decía que
todos los judíos debían ser destruidos, cercanos y lejanos, niños,
mujeres, hombres, ancianos. Esta noticia fue inquietante y triste. Los
judíos y los persas están viviendo juntos, quizás un judío es vecino
de un persa, quizá también algunos hasta serían amigos. Y de un

día a otro, todo cambiará. Ese vecino judío ya no compartiría azúcar con el persa. ¡Gran angustia!

Mardoqueo se entera del plan de Amán y cae en la cuenta de que sus acciones tuvieron consecuencias, no solo para él, sino para todo su pueblo. En su reacción al edicto, Mardoqueo escogió hablar con Ester en vez de hablar directamente con el rey. Recordemos que las situaciones con Mardoqueo tenían como escenario las puertas del palacio. Parece que él era un oficial público, pero no tan influyente como para acercarse al rey Asuero. Mardoqueo tampoco confrontó a Amán o trató de averiguar el porqué de su odio.

Pero Dios usó todo esto en Su providencia. Tanto su negación de honrar a Amán como la revelación de su identidad étnica. Recordemos que Mardoqueo y Ester venían de estar en el exilio; con razón su dolor y angustia eran más profundas.

Cuando nos equivocamos, no que Mardoqueo lo haya hecho, recordemos que el evangelio sí nos informa de buscar reconciliación al hablar con las personas involucradas. Mardoqueo respondió como las generaciones previas lo hicieron: acostándose en cilicio a manera de expresar su dolor, culpa o desesperanza. Este lamento público por el edicto en la entrada del palacio del rey sugiere que Mardoqueo ya no estaba escondiendo nada. Él era judío. Ya no había tiempo para pretensiones religiosas. Realmente estaba abatido y apesadumbrado.

Todo tiene consecuencias. Nuestro pecado tiene consecuencia, pero nuestra obediencia trae bendición. Pero, en ese momento las bendiciones parecían escasas para el pueblo de Dios que vivía bajo el reinado de Asuero, el rey persa. Por eso la reacción de Mardoqueo se multiplicó en lamento por todos los judíos de cada provincia. También ellos se vistieron de saco y ceniza y no dudaron en expresar sus lamentos.

Esto nos recuerda a Jeremías lamentándose a Dios por el exilio del pueblo: «Han abierto su boca contra nosotros todos nuestros enemigos. Terror y foso nos han sobrevenido, desolación y destrucción. Arroyos de agua derraman mis ojos a causa de la destrucción de la hija de mi pueblo. Mis ojos fluyen sin cesar, ya que no hay descanso hasta que mire y vea el SEÑOR desde los cielos. Mis ojos causan dolor a mi alma por todas las hijas de mi ciudad. Constantemente me han dado caza como a un ave mis enemigos, sin haber causa; silenciaron mi vida en la fosa, pusieron piedra sobre mí. Cubrieron las aguas mi cabeza, dije: ¡Estoy perdido! Invoqué tu nombre, oh SEÑOR, desde la fosa más profunda» (Lam. 3:46-55).

Nuestro lamento nos dirige al Señor, no lejos de Él. Cuando Ester escuchó sobre la escena de Mardoqueo, se mostró preocupada y le envió ropa. Quizás además de la ropa ella necesitaba preguntar antes, —aunque lo hizo después— puesto que aparentemente no tenía conocimiento del edicto. Aunque ellos estaban preocupados, Dios no, Él nunca se pasea de un lado al otro en el cielo esperando que las cosas funcionen. Este edicto ya era conocido por Dios, por tanto, Él ya había hecho provisión para responder usando a dos judíos sin que ellos lo supieran.

Dios tiene el control.

En el capítulo 4, también veremos cómo se desempeña Ester siendo reina para cumplir el propósito de Dios para con su pueblo, aun sin que ella lo supiera. Si ella rechaza obedecer a Mardoqueo, su rechazo no significará algo para la destrucción de su pueblo; pero sí resultará en destrucción de ella y Dios usará otra manera para hacer lo que Él ya ha determinado hacer según Su pacto. Cuando Dios nos entrega oportunidades en posiciones de poder, que sea nuestra fe en Él la que nos dirija para llevar a cabo Su propósito para Su gloria y no para nuestro bienestar.

Nuestra obediencia con fe en el diario vivir es el medio para llevar a cabo Sus extraordinarios planes. El mensaje del capítulo 4 no es: «Sé como la heroína Ester». El mensaje es: «Sirve al Señor donde Él te ha puesto para Su gloria». Dios está escogiendo salvar a Su pueblo en los momentos ordinarios de la vida de estos dos judíos, quienes a través de las circunstancias que viven, pasan de esconderse para preservarse, a recibir luego la convicción de lo que deben hacer para la gloria de Dios.

# PARA MEDITAR

1. ¿Puedes describir el escenario o ambiente del capítulo en estos cuatro versículos introductorios?

2. Ester quiso cubrir a Mardoqueo con ropas que perecen, pero Cristo nos ha cubierto con ropas que permanecen. Describe cuáles son después de leer los siguientes pasajes bíblicos: Isaías 61:10, 2 Corintios 5:21, Efesios 4:23.

3. ¿Cuál ha sido la señal de lamento entre los judíos? Lee Jeremías 6:26; Daniel 9:3 para responder.

4. ¿Cuál hubiese sido una mejor reacción de Mardoqueo? ¿Cómo contrastamos su reacción con la de Jesús en Hechos 12:5; Mateo 26:36-46?

5. ¿Cómo reaccionó Ester?

6. ¿Cómo reaccionamos nosotras en medio de las malas noticias?

7. ¿Cómo el evangelio nos informa a responder en medio de las malas noticias? ¿Cómo Dios nos ha respondido a nuestras malas noticias? Lee Marcos 1:15 para responder.

8. ¿Cómo usas el lamento en medio del sufrimiento o angustia? Escoge uno de estos salmos: Salmo 42, 32, 61, 62 y escribe lo que aprendes de ellos para lamentarte delante del Señor.

9. ¿Qué muestra tu dolor y angustia? ¿Cómo reaccionas? ¿A qué o a quién corres?

10. Lee Génesis 15:13-17. ¿Qué le está diciendo Dios a Abraham? ¿Cómo este texto nos recuerda que Dios está en control? ¿Qué nos dice de Dios?

**RESPONDE A DIOS EN ORACIÓN POR LO QUE HAS APRENDIDO**

# Día 4

# El temor es desobediencia

## Ester 4:5-12

*Entonces Ester llamó a Hatac, uno de los eunucos que el rey había puesto a su servicio, y le ordenó que fuera a Mardoqueo para saber qué era aquello y por qué. Y salió Hatac a donde estaba Mardoqueo en la plaza de la ciudad, frente a la puerta del rey. Y Mardoqueo le informó de todo lo que le había acontecido, y la cantidad exacta de dinero que Amán había prometido pagar a los tesoros del rey por la destrucción de los judíos. Le dio también una copia del texto del decreto que había sido promulgado en Susa para la destrucción de los judíos, para que se la mostrara a Ester y le informara, y le mandara que ella fuera al rey para implorar su favor y para interceder ante él por su pueblo. Regresó Hatac y contó a Ester las palabras de Mardoqueo. Entonces Ester habló a Hatac y le ordenó que respondiera a Mardoqueo: «Todos los siervos del rey y el pueblo de las provincias del rey saben que para cualquier hombre o mujer que vaya al rey en el atrio interior, sin ser llamado, él tiene una sola ley, que se le dé muerte, a menos que el rey le extienda el cetro de oro para que viva. Y yo no he sido llamada para ir al rey por estos treinta días». Y contaron a Mardoqueo las palabras de Ester.*

Cuando Ester supo de la escena de Mardoqueo, le expresó su preocupación al enviarle ropa. Aparentemente, Ester no tenía conocimiento del edicto, por eso Mardoqueo le envía una copia de este. Sin embargo, Dios soberano va delante de Su pueblo.

Podemos recordar eventos donde Dios avisa al pueblo antes de que sucedan la cosas: a Abraham le es notificado que Su descendencia sufrirá por 400 años en tierra ajena antes de regresar a la tierra prometida (Gén. 15:13-14). O cuando Dios preparó los eventos de la vida de José para que llegara a ser el segundo en la autoridad egipcia.

Dios tiene el control y el profeta Isaías nos lo recuerda: «Acordaos de las cosas anteriores ya pasadas, porque yo soy Dios, y no hay otro; *yo soy* Dios, y no hay ninguno como yo, que declaro el fin desde el principio y desde la antigüedad lo que no ha sido hecho. Yo digo: "Mi propósito será establecido, y todo lo que quiero realizaré"» (Isa. 46:9-10).

Dios en Sus propósitos nos confía oportunidades de posiciones estratégicas y nos da Su Espíritu para obedecerle, de manera que Él se lleve la gloria. Esas posiciones estratégicas no necesariamente son en el gobierno o de un liderazgo público, sino en tu hogar, en tu servicio comunitario, en donde Él te ha puesto; Dios nos ha empoderado para representarlo llevando a cabo Su misión por Su pueblo. El centro del mensaje es cómo nuestra obediencia en las tareas ordinarias o el acontecer de cada día lo glorifican y llevan a cabo Su plan.

El mensaje no es que Ester es la heroína o Mardoqueo el héroe. El mensaje es que Dios ha escogido salvar a Su pueblo a través de dos personas por lo que les acontece, mientras ellos crecen en un compromiso a una convicción de no autoprotegerse, sino de una misión mayor de velar por el pueblo de Dios. Aun siendo reina, su acceso al rey era restringido y la pena por romper el protocolo era la muerte. Tan diferente a nuestra relación con nuestro Rey y Salvador. Esta práctica tenía el propósito de proteger la vida del rey, pero ¿incluso de su esposa? Sí, porque así era y es el mundo que no confía en el Señor.

Quizás Ester dudó de decir «sí, heme aquí, yo iré» porque pensó que no era la persona indicada. Así como ella, nosotras tendemos a ver nuestras discapacidades o inhabilidades más que la gracia suficiente del Señor para hacer lo que nos manda con lo que Él nos da y donde Él nos coloca. Su Espíritu nos ayuda, así que ni Ester dilató su obediencia más tiempo, ni nosotras debemos hacerlo o de lo contrario es desobediencia. Si Mardoqueo es un tipo de Cristo, entonces ciertamente hacemos bien en imitar la obediencia de Ester y no temer.

Sin un Libertador, el pueblo está destinado a la muerte; sin un intercesor estarán atemorizados. Dios le declaró la guerra a Amalec de generación en generación (Ex. 17:8-16) y hoy continúa (Juan 15:18-25). En este capítulo vemos a Ester como un tipo de Cristo. Dios nos extendió la cruz para salvarnos y estar en y con nosotros. Su cetro fue una cruz y la garantía fue Su resurrección.

# PARA MEDITAR

1. ¿Qué diferencia hay entre la respuesta de los judíos con la de Ester?

2. ¿De qué manera el temor de Ester es contrastado con la acción de Vasti?

3. ¿Cuál es la mala noticia que recibe Ester?

4. Luego responde: ¿cómo es la misma mala noticia que nos hace el llamado para recibir el evangelio? Lee Romanos 3:23 para responder.

5. ¿Cómo es diferente el temor de Ester frente a Asuero con el nuestro frente a los hombres? Según tu respuesta, ¿cómo Jesús informa ese temor? Lee Hebreos 4:14-16 y describe la diferencia.

6. ¿Has tenido temor de acercarte al Padre? ¿Cuándo y por qué? Lee Hebreos 4:15-16 para meditar en lo que la Biblia dice.

7. ¿En qué áreas eres más propensa a temer que a creer y obedecer?

8. Describe un momento en el que el Señor te llamó a hacer algo, pero el miedo te paralizó más que la fe para obedecer.

9. ¿Qué rol de Cristo encuentras en el versículo 8? Puedes leer Romanos 8:34, Hebreos 7:25. ¿Con qué propósito? Lee Hebreos 9:24, 1 Juan 2:1 para responder.

10. ¿Por qué necesitamos un intercesor? Lee Éxodo 32:7-14; 1 Timoteo 2:5 para responder. ¿Cómo Cristo lo cumple? Lee Romanos 8:34; Hebreos 7:22-28; 10:11-12 para responder. ¿Qué oró y ora Jesús por nosotras? Juan 17:20-26.

11. ¿Cómo te informa esta verdad contra el temor por el mundo y las circunstancias? ¿Cómo puedes vivirla?

12. ¿Cómo Cristo ha respondido al decreto?
Lee Colosenses 2:14. ¿Cómo puedes vivir en esa libertad?


## RESPONDE A DIOS EN ORACIÓN POR LO QUE HAS APRENDIDO

# Día 5

## Confía en Dios y obra

### Ester 4:13-14

*Entonces Mardoqueo les dijo que respondieran a Ester: No pienses que estando en el palacio del rey solo tú escaparás entre todos los judíos. Porque si permaneces callada en este tiempo, alivio y liberación vendrán de otro lugar para los judíos, pero tú y la casa de tu padre perecerán. ¿Y quién sabe si para una ocasión como esta tú habrás llegado a ser reina?*

Ester fue traída para este momento cúspide en la historia de Dios y su historia. Las circunstancias que la condujeron fueron lejos de su control, combinadas con sus decisiones y las de Mardoqueo. No fue hasta que se enfrentaron a la calamidad inminente que reaccionaron a su identidad. ¿Te ha pasado? ¿Has escondido que eres cristiana pero las circunstancias te obligaron a revelarlo? Como Ester, necesitamos a otros para que nos empujen a la obediencia y la fe que Dios nos ha dado.

Por un lado, Ester enfrenta pérdida; si ella se presenta delante del rey sin previo aviso, podría morir. Pero, por otro lado, ella podría quedarse callada y autopreservarse, pero la advertencia de Mardoqueo resonaría en su mente y la culpa de la muerte de su pueblo también. Dios estaba usando a Ester con la oportunidad de hacer lo que debía por el lugar donde Él la llevó. Puedes preguntarte qué te está pidiendo Dios hacer y examinar cómo lo has hecho. Dios lo ha determinado: «y de uno hizo todas las naciones del mundo para que habitaran sobre toda la faz de la tierra, habiendo determinado *sus* tiempos señalados y los límites de su habitación» (Hech. 17:26).

Dios nos lleva a las familias, a lugares y situaciones que usará para Sus propósitos y el avance del evangelio. Dios obra igual que con Ester y Mardoqueo en nuestras vidas, este es nuestro tiempo, el que estás viviendo, con quién estás y dónde estás. La urgencia de obedecer y confiar en Dios para obrar en obediencia es ahora. En tu llamado de esposa, de madre, de hija, de hermana en Cristo. Vivamos en oración, ayuno y quebrantamiento delante de Dios por otros.

Si lo piensas, el quedarse callada por aquellos que están esclavizados al pecado no es amoroso. ¿A quién estás animando y hablando de las Buenas Nuevas? Te animamos a que esta semana puedas meditar en aquellos a los que debes hablarles el evangelio y no lo has hecho. Quizás empieces con una oración, con ayuno para hablar y proclamar el evangelio de Cristo o para confrontar a alguien por su pecado.

# PARA MEDITAR

1. ¿Qué está haciendo Mardoqueo con Ester en el versículo 13?

2. ¿En qué confía Mardoqueo en el versículo 14?

3. ¿Qué promesa ves en el versículo 14? ¿Para quién es? ¿Quién la recibe? Lee Romanos 8:2 para responder.

4. ¿Cuál es el énfasis de estos dos versículos según todo lo que hemos aprendido?

5. ¿Cuáles han sido las promesas de Dios a Su pueblo? Lee y responde.

a)   Génesis 3:15
b)   Éxodo 6:6
c)   Gálatas 1:3-5
d)   Isaías 59:20-21
e)   Romanos 11:26-27
f)   Jeremías 31:33
g)   Ezequiel 36:26-29
h)   Juan 15:26-27
i)   Gálatas 3:14
j)   Juan 16:33
k)   Romanos 6:14
l)   Filipenses 1:6
m)   Romanos 8:37-39

6. ¿Cómo vives bajo estas promesas en tu vida diaria?

7. Si Ester no obedecía se hubiera identificado como enemigo de su propio pueblo, se hubiera desligado. ¿Cómo se identifica Cristo con Su pueblo para salvarlo? Lee Hebreos 2:14-18.

8. ¿A qué te está llamando Dios a obedecer? ¿Cómo otros han sido de ayuda para ello?

9. ¿Cuánto tiendes a pensar solo en ti, en tu situación o en tus deseos o comodidad a costa de otros?

10. Jesús dio Su vida por nosotras (Juan 10:11, 14; 27:30). Lee estos pasajes y describe cómo Cristo es mejor que cualquier persona, cuya obra es mejor, suficiente y perfecta en tu lugar.

## RESPONDE A DIOS EN ORACIÓN POR LO QUE HAS APRENDIDO

# SEMANA 4

# Dios protege a Su pueblo

La narrativa de la Biblia es que Dios protege a Su pueblo. Dios permanece fiel a Su pacto hecho en Su nombre (Gén. 15). El Salmo 78 nos narra la fidelidad de Dios para con Su pueblo infiel, porque es Su obra y nosotras Su creación. Ester no solo nos ha mostrado el drama de pecadores, también nos ha mostrado la fidelidad de Dios en Sus obras providenciales en y a través de las personas de Su pueblo, usando sus errores, pecados y aciertos, así como a impíos con sus falencias, todo para Su gloria.

Ciertamente Israel fue un pueblo que otras naciones temían porque escuchaban del Dios de Israel, de Su poder y magnificencia. Hoy, la Iglesia de Cristo debiese mostrar la confianza en ese Dios que liberta, salva, intercede y nos llevará a vivir con Él eternamente. Somos el verdadero Israel, la Iglesia de Cristo es Su pueblo.

*Los que confían en el Señor son como el monte Sión, que es inconmovible, que permanece para siempre. Como los montes rodean a Jerusalén, así el Señor rodea a Su pueblo desde ahora y para siempre. Pues el cetro de la impiedad no descansará sobre la tierra de los justos, para que los justos no extiendan sus manos para hacer el mal. Haz bien, Señor, a los buenos y a los rectos de corazón. Pero a los que se desvían por sus caminos torcidos, el Señor los llevará con los que hacen iniquidad. ¡Paz sea sobre Israel!* (Sal. 125:1-5).

Estos versículos resuenan en nuestra historia. Ciertamente Dios es autosuficiente, no necesita de nosotros, pero nos hace parte de Sus propósitos de representarle porque estamos hechas a Su imagen y semejanza y vivimos para Su gloria. No hay otro pueblo más dichoso que el pueblo de Dios. Podemos vivir con la confianza de que somos protegidas por Él y preservadas por Él para siempre, no por nuestras obras o porque había algo bueno en nosotras, sino por la obra de Cristo en la cruz y por la belleza de Cristo.

# Día 1

# Obediencia y dependencia de Dios

## Ester 4:15-17

*Y Ester les dijo que respondieran a Mardoqueo: «Ve, reúne a todos los judíos que se encuentran en Susa y ayunen por mí; no coman ni beban por tres días, ni de noche ni de día. También yo y mis doncellas ayunaremos. Y así iré al rey, lo cual no es conforme a la ley; y si perezco, perezco». Y Mardoqueo se fue e hizo conforme a todo lo que Ester le había ordenado.*

El libro de Ester nos enseña sobre las decisiones cotidianas de nuestra vida, en las cuales necesitamos depender de Dios. Pero también cómo las desobediencias y obediencias diarias van formando nuestro carácter en las diferentes situaciones, afirmando nuestra fe. Sin embargo, la oración es algo bueno siempre. Detenernos a orar antes de actuar o tomar decisiones no es poner en espera el obedecer y ser pasivas. La oración nunca es un mal primer paso. Al contrario, es más sabio, proclama a todo nuestro ser nuestra dependencia de Dios.

Ester nos enseña que ella no confió en sí misma o en la posición que tenía en el palacio, no confió en su temor, sino que sabía adónde llevarlo en ayuno y oración. La oración es el propósito principal del ayuno, nos ayuda a enfocarnos en el Señor y no en nuestras preocupaciones o temores. El ayuno no se trata de sacrificarnos de alimento para recibir lo que deseamos. El ayuno representa una relación cercana con Dios, con el Poderoso, no como un medio para ganar Su favor o recibir lo que pedimos, porque Cristo murió por nosotras para que podamos entrar a la presencia de Dios para ser escuchadas y Él obre a nuestro favor según Sus propósitos divinos.

¿No te parece que hay un contraste entre las fiestas o banquetes de Persia con el ayuno de Ester y el pueblo de Dios? El fundamento de la fe cristiana es el hambre por Dios. Como Ester, debiésemos ayunar para expresar nuestra dependencia en Dios y confianza en Él y no en nosotras. Expresamos que tenemos hambre de Dios más que de nada. No solo vivimos de comida, sino del deseo de vivir de Sus palabras para que nos muestre cómo desea que le adoremos.

A través de la exhortación de Mardoqueo, observamos a una Ester temerosa, a una Ester dispuesta a perecer por su pueblo. Con cada oportunidad que el Señor nos da, nuestra responsabilidad es obediencia y confianza, no resultados, esos se los dejamos a Dios. Ni Ester ni Mardoqueo podían saber cómo todo tornaría. Recuerda que ellos venían de un exilio; Dios podía estar disciplinándolos otra vez. No necesitamos saber cómo se resolverá lo que nos está aconteciendo, sino que necesitamos obedecer fielmente en la confianza de quién es Dios.

Ester salvó a su pueblo en dos maneras: se identificó con su pueblo y fue mediadora de él, por la voluntad de Dios. De esta manera nos señala a ver a Cristo como mediador entre Dios y los hombres. Sin embargo, Jesús no dijo: «Si perezco, que perezca». Jesús dijo: «cuando perezca». Solo en Cristo estamos realmente seguras frente a la ira de Dios. Porque el mayor problema de Ester y el nuestro es el pecado, con el cual Cristo lidió en la cruz por nosotras. Una vez que estamos en Cristo nos podemos acercar a Dios con la absoluta confianza de que Él nos recibe y desea estar con nosotras (Heb. 10:19-22).

A pesar de que Dios usó a Mardoqueo y a Ester, solo hay una persona perfecta a la cual todos apuntan para terminar Su plan de redención: Cristo. Nosotras somos instrumentos en Sus manos cuando nuestras pequeñas obediencias diarias colaboran con Su plan. Aun cuando nos equivoquemos como ellos, Su amor no nos descalifica para ser usadas por Dios.

Pero no te quedes callada, sino exalta el nombre del Señor porque Cristo ya pereció por ello, pero ha resucitado.

# PARA MEDITAR

1. ¿En quién está confiando Ester al responder «si perezco, que perezca»? ¿Confiaba en su belleza? ¿Confiaba en el ayuno?

2. ¿Cuándo fue la última vez que ayunaste? ¿Por qué fue?

3. ¿Qué te han enseñado sobre el ayuno?

4. Según lo que hemos estudiado en el libro de Ester, ¿crees que el ayuno corrige o mueve la mano de Dios en lo que Él ya ha predeterminado que acontezca?

5. ¿Crees que el ayuno impresiona a Dios o nos hace más meritorias para Su ayuda?

6. Lee estos pasajes y describe cómo se ve la unión entre la oración y el ayuno. Nehemías 1:4; Daniel 9:3; Joel 2:12; Hechos 13:3.

7. ¿Por qué situaciones estás dispuesta a dar tu vida?

8. ¿A quién incluye Ester en su ayuno? ¿Qué representa esto como cuerpo de Cristo?

9. Lee Juan 12:27-32 y responde ¿a quién te recuerda las palabras de Ester de «moriré» y en quien la promesa de Dios se ha cumplido?

10. ¿Cómo las circunstancias providenciales de Dios han cambiado a Mardoqueo y a Ester, hasta aquí?

11. ¿Cómo las circunstancias providenciales de Dios te han cambiado?

12. ¿Aún crees que Ester es la heroína de la historia? Si la Biblia terminara en Ester 4:17, ¿cómo eso te salvaría o

te haría parte de su pueblo? Medita en tu respuesta en
cómo has leído Ester, en los personajes de la Biblia,
y en cómo apuntan a Cristo.

## RESPONDE A DIOS EN ORACIÓN POR LO QUE HAS APRENDIDO

# Día 2

# Hacer avanzar el reino

## Ester 5:1-14

*Y aconteció al tercer día que Ester se vistió con sus vestiduras reales y se puso en el atrio interior del palacio del rey delante de los aposentos del rey, y el rey estaba sentado en su trono real en el aposento del trono, frente a la entrada del palacio. Y cuando el rey vio a la reina Ester de pie en el atrio, ella obtuvo gracia ante sus ojos; y el rey extendió hacia Ester el cetro de oro que estaba en su mano. Ester entonces se acercó y tocó el extremo del cetro. Y el rey le dijo: ¿Qué te preocupa, reina Ester? ¿Y cuál es tu petición? Hasta la mitad del reino se te dará. Ester respondió: Si le place al rey, venga hoy el rey con Amán al banquete que le he preparado.*

*Entonces el rey dijo: Traed pronto a Amán para que hagamos como Ester desea. Y el rey vino con Amán al banquete que Ester había preparado. Y mientras bebían el vino en el banquete, el rey dijo a Ester: ¿Cuál es tu petición?, pues te será concedida. ¿Y cuál es tu deseo? Aun hasta la mitad del reino, se te dará. Respondió Ester, y dijo: Mi petición y mi deseo es: si he hallado gracia ante los ojos del rey, y si le place al rey conceder mi petición y hacer lo que yo pido, que venga el rey con Amán al banquete que yo les prepararé, y mañana haré conforme a la palabra del rey.*

*Salió Amán aquel día alegre y con corazón contento; pero cuando Amán vio a Mardoqueo en la puerta del rey y que este no se levantaba ni temblaba delante de él, Amán se llenó de furor contra Mardoqueo. Amán, sin embargo, se contuvo, fue a su casa, y mandó traer a sus amigos y a su mujer Zeres. Entonces Amán les contó la gloria de sus riquezas, la multitud de sus hijos, y todas las ocasiones en que el rey le había engrandecido, y cómo le había exaltado sobre los príncipes y siervos del rey. Y Amán añadió: Aun la reina Ester no permitió que nadie, excepto yo, viniera con el rey al banquete que ella había preparado; y también para mañana estoy invitado por ella junto con el rey. Sin embargo nada de esto me satisface mientras vea al judío Mardoqueo sentado a la puerta del rey. Su mujer Zeres y todos sus amigos le dijeron: Haz que se prepare una horca de cincuenta codos de alto, y por la mañana pide al rey que ahorquen a Mardoqueo en ella; entonces ve gozoso con el rey al banquete. Y el consejo agradó a Amán, e hizo preparar la horca.*

El capítulo 5 es la historia de dos planes para hacer avanzar un reino. Ester tenía un plan y Amán tenía otro plan. Estos planes se originaron de dos diferentes fuentes; uno fue confiado en oración y ayuno y el otro confiado en venganza y odio. Ambos planes tenían diferentes propósitos. Un plan fue elaborado para salvar vidas, y el otro para quitarlas. También, ambos planes se diferenciaban en su perspectiva. Uno era en servicio a otros y el otro era en egoísmo para servirse a sí mismo. Y veremos el resultado de cada plan, liberación o destrucción.

Ester hizo lo que dijo, se apresuró a obedecer, se vistió y se presentó delante del rey. Ester no pospuso su compromiso porque quizás no tendría esa oportunidad nuevamente. La determinación de Ester nos recuerda la de Cristo al completar el plan de salvación de Su Padre:

«Y sucedió que cuando se cumplían los días de Su ascensión, Él, con determinación, afirmó Su rostro para ir a Jerusalén» (Luc. 9:51).

Jesús no estaba alejándose de la cruz, sino que se dirigía a ella. Cristo siempre fue determinante en lo que hacía y sabía a dónde iba. Ester no sabía si viviría; Cristo estaba seguro de que moriría. Para Ester, orar la llevó a la acción en el palacio. Su ayuno la llevó a ser fiel. Dios nunca nos coloca en posiciones de oportunidad para que hagamos las cosas a medias, sino para ser obedientes y completar el trabajo.

Cada oportunidad que tenemos es una oportunidad de temor o de fe. Nos comprometemos a hacer lo que toca no porque somos fuertes, sino porque Cristo es fuerte. Ya sea que vivamos o no, Cristo permanece y nosotras con Él eternamente. Tenemos Su gracia y favor y así fue con Ester, obtuvo gracia y favor. En este capítulo encontramos la cuarta vez que el autor de este libro describe la reacción de otros hacia Ester (2:9, 15, 17). Ella obtuvo favor, no encontró favor. De hecho, en esta escena (v. 3), es la primera vez que se nos muestra a un Asuero perceptivo que no buscó consejo de sus príncipes, además de que estaba sobrio. Dios protege a Su pueblo.

De acuerdo con lo que leímos en la porción bíblica de hoy, ¿qué significaba darle todo el reino, el rey le daría todas las provincias a Ester? Quizás era una alusión a que era favorecida por él, pero lo reitera dos veces más (5:6, 7:2). Ella no se presentó para salvarse así misma o solamente pensó en ella, sino que se presentó para abogar por todo un pueblo, Su pueblo.

Aquellos que buscan el bien de los demás, a costas de ellos mismos, representan a Cristo y están construyendo Su reino. Las esposas y los esposos que se sacrifican en amor uno por el otro y por sus hijos reflejan el amor sacrificial de Cristo. Ester llevaba a cabo un plan en favor de su pueblo y para la gloria del Dios de su pueblo, a costas de cualquier infortunio que le pudiera ocurrir. Al final, ella solo fue un instrumento en las manos de un Dios soberano que reina.

¿Por qué Ester fue estratégica? ¿Por qué invitar al enemigo a la mesa? Hay muchas razones probables que el autor no nos relata.

Pero Dios lo usó. El banquete proveyó la oportunidad de que las formalidades disminuyeran, no avergonzar al rey, o tener que revelar su identidad en ese momento. Como dijo Jesús: «Sed astutos como las serpientes e inocentes como las palomas» (Mat. 10:16). El punto es ser obedientes a lo que Dios nos pide sin necesariamente saber la razón. Solo necesitamos confiar en Su presencia, provisión y promesas dadas en Cristo Jesús.

Amán se encontró con todos sus ídolos; quizás pensó que era alguien, pero al final delante de Dios sus ínfulas de grandeza son nada. Tanto Amán como Asuero tenían malos consejeros, aquellos que aconsejan lo que saben que quieren escuchar, mas no lo que necesitan escuchar. En uno de estos dos planes hay un reino que avanzará y otro que terminará. Al final de nuestros días, será igual. El reino de Dios prevalecerá, mientras el reino de Satanás será destruido.

El evangelio es la respuesta a todo lo que el hombre necesita y nosotras somos representantes de ese reino para la gloria del Rey que protege a Su pueblo, que va delante, que salva y muestra su necesidad de Él: un Dios que reina.

# PARA MEDITAR

1. ¿Cuántas veces encuentras las palabras «hallar gracia» desde el capítulo 2 hasta aquí? ¿Qué significa a la luz de la providencia de Dios?

2. ¿Cuáles son las reacciones de Amán en los versículos 9-14?

3. ¿Qué aprendemos de la esposa de Amán? ¿Cómo ella es ayuda idónea o no? ¿Qué consejo da? ¿Qué está alimentando en el corazón de su esposo Amán?

4. Recuerda a Jezabel y el consejo a Acab. Lee 1 Reyes 21:4-16 y describe las diferencias que encuentras entre el plan de Ester y el de Jezabel y Zeres.

5. ¿Cómo ser una hija de Dios te ha transformado de formas tangibles para hacer planes para la gloria de Dios?

6. ¿Qué te quita el gozo cuando tus planes no salen acorde a lo que esperabas? Lee Juan 12:22; 15:11 para responder. Recuerda, todo lo que nos quita el gozo es un ídolo de nuestro corazón.

7. Según las reacciones de Amán ¿a quién está exaltando?

8. ¿En quién encuentra su significancia o qué lo distingue? Contrasta tus respuesta con la identidad de una hija de Dios.

Amán               Hijas (Lee Isa. 66:2; 55:17-18; Sant. 4:6)

9. ¿Por qué el gozo de Amán desapareció rápido? ¿Qué era lo más importante para él, la vida de Mardoqueo o la idolatría a sí mismo? ¿Cuáles eran sus intereses?

10. ¿Puedes identificar si hay idolatría en tu vida y cómo se ve?

11. ¿Por qué, como Ester, podemos obedecer para hacer avanzar el reino? Responde con qué nos dice la obra de Cristo —el evangelio— a la luz de las acciones de Ester.

Juan 1:17  Gál. 1:15     Ef. 2:4-5,8  Tito 2:11; 3:7  Rom. 3:24  Rom. 5:15-10
Gál. 2:21  1 Tim. 1:14,  2 Tim. 1:9  Rom. 11:6

12. ¿En quién buscas consejo? ¿A quién corres cuando has pecado?

13. ¿Qué diferencia hay entre Ester y Amán en cuanto a buscar consejo?

14. Lee Proverbios 14:29; 29:10-11; 21:1; 29:23; 16:18. ¿Ilustran a Amán? ¿Cómo te ilustran a ti? ¿En qué situaciones?

15. ¿De qué maneras Dios te está llamando a responder al llamado que te ha hecho allí donde estás?

## RESPONDE A DIOS EN ORACIÓN POR LO QUE HAS APRENDIDO

# Día 3

# La humildad precede a la honra

## Ester 6:1-5

*Aquella noche el rey no podía dormir y dio orden que trajeran el libro de las Memorias, las crónicas, y que las leyeran delante del rey. Y fue hallado escrito lo que Mardoqueo había informado acerca de Bigtán y Teres, dos de los eunucos del rey, guardianes del umbral, de que ellos habían procurado echar mano al rey Asuero. Y el rey preguntó: «¿Qué honor o distinción se le ha dado a Mardoqueo por esto?». Respondieron los siervos del rey que le servían: «Nada se ha hecho por él». Entonces el rey preguntó: «¿Quién está en el atrio?». Y Amán acababa de entrar al atrio exterior del palacio del rey, para pedir al rey que hiciera ahorcar a Mardoqueo en la horca que él le había preparado. Los siervos del rey le respondieron: «Amán está en el atrio». El rey dijo: «Que entre».*

Habían transcurrido cinco años (Est. 2:16–3:7). A partir de «aquella noche» el tiempo transcurre más rápido. ¿Y quién gobierna el tiempo? Dios. Sin embargo, este día aprenderemos lo que dice Proverbios 11:2: «Cuando viene la soberbia, viene también la deshonra; pero con los humildes está la sabiduría». Una reversión, un cambio está sucediendo con los planes de los personajes; podemos traer a memoria Génesis 50:20 para resumir los sucesos. Salen a luz los corazones y sus intenciones para que el Dios providencial se lleve la gloria. Recuerda: Los planes de Dios siempre son mejores, porque son en Su tiempo.

Ayer leíamos que el rey Amán estaba en un banquete que Ester preparó. Pensamos que era el momento en el que ella iba a interceder por Su pueblo, pero en lugar de eso invitó al rey y a Amán a otro banquete al siguiente día. Mientras eso sucedía, Amán estaba listo con la horca para Mardoqueo. Ni Ester ni Mardoqueo tenían conocimiento del plan de Amán de colgarlo en la horca, así que no podían acusar a Amán de su plan secreto. Nadie sabía lo que estaba por acontecer, pero Dios en silencio miraba desde el cielo. Mientras todos dormían, Dios no.

Un punto de giro en nuestra historia. En este capítulo veremos cómo el autor nos quita del foco de los personajes para ver las acciones sobrenaturales de un Dios providencial tras ellas. Amán nunca vio venir lo que sucedería porque el rey tuviera insomnio. El único que lo sabía era Quién estaba realizando todo. Traigo a memoria este pasaje: «El Señor se ríe de él, porque ve que su día se acerca» (Sal. 37:13).

No sabemos cuánto tiempo le tomó al rey Asuero leer el libro de las memorias. Lo que sabemos, que el autor siempre recalca, es que el acto heroico de Mardoqueo no fue reconocido en su momento. Realmente nadie se acordaba de este evento, curioso ¿no? Mientras el rey recordaba la ocasión en que Mardoqueo salvó su vida, Amán iba en camino para pedir la muerte de Mardoqueo. Pero Amán era tan orgulloso que no había lugar en su mente para que alguien más pudiera ser el objeto de honor de Asuero. Él era un hombre centrado en sí mismo. Pero su pecado era destructivo, contrario a nosotros, que aunque el pecado es destructivo para cualquier ser humano, nuestro pecado está en Cristo para que Él nos liberte.

# PARA MEDITAR

1. Escribe las acciones providenciales del Señor en este capítulo con las que protegió a Su pueblo.

2. ¿Por qué crees que este hecho de olvidar lo que hizo Mardoqueo fue tan importante para Asuero?

3. ¿Por qué era tan importante para un rey llevar un libro de memorias y crónicas? Lee 1 Reyes 14:19; 1 Crónicas 9:1 para responder.

4. ¿Qué nos dice del carácter de Mardoqueo que no se le haya retribuido en el momento? Lee Proverbios 18:12.

5. ¿Por qué tendemos a dudar del tiempo perfecto de Dios? ¿En qué momentos te ha pasado y cómo has respondido? De acuerdo con lo que aprendimos hoy ¿de qué manera responderás ahora cuando esas dudas aparezcan nuevamente?

6. A la luz de lo que hemos aprendido en Ester ¿cómo puedes esperar en el Señor pacientemente en vez de ponerte ansiosa o enojarte?

7. Satanás pensó que el camino a la cruz era su victoria cuando realmente era su caída (Col. 2:15). Aquellos que crean en Él serán levantados con Él y los que se opongan a Él serán destruidos por Él. Describe cómo esta verdad te da consuelo en el momento de la prueba.

8. ¿Recuerdas alguna ocasión en la que creíste que Dios no estaba obrando en tu vida o que olvidó lo que has hecho? ¿Cómo has reaccionado?

9. ¿Cuál es el propósito por el que fuiste creada? Responde con Isaías 43:7. Por lo tanto, ¿para quién haces lo que haces? Responde con Colosenses 3:17. Según tus respuestas, ¿cómo

puedes responder en agradecimiento aunque no recibas recompensa por tus buenas acciones?

10. ¿Por qué nos cuesta no ser reconocidas por algo que hicimos? ¿Qué aspecto de nuestro carácter queda al descubierto cuando no somos reconocidas por nuestros méritos?

11. ¿Cómo se debe ver la humildad y el carácter del cristiano? Lee Filipenses 2:3-10 para responder.

12. Dios ha prometido cuidarnos. Lee los siguientes pasajes y escribe una palabra que defina cómo Su protección se ve en Su providencia.

Salmo 139:15-16
Proverbios 16:1
Proverbios 16:9
Proverbios 19:21
Proverbios 20:24
Colosenses 1:16

## RESPONDE A DIOS EN ORACIÓN POR LO QUE HAS APRENDIDO

# El orgullo precede a la caída

## Ester 6:6-14

*Cuando Amán entró, el rey le preguntó: «¿Qué se debe hacer para el hombre a quien el rey quiere honrar?». Y Amán se dijo: «¿A quién desearía el rey honrar más que a mí?». Amán respondió al rey: «Para el hombre a quien el rey quiere honrar, que traigan un manto real con que se haya vestido el rey, y un caballo en el cual el rey haya montado y en cuya cabeza se haya colocado una diadema real; y el manto y el caballo sean entregados en mano de uno de los príncipes más nobles del rey, y vistan al hombre a quien el rey quiere honrar, lo lleven a caballo por la plaza de la ciudad y anuncien delante de él: "Así se hace al hombre a quien el rey quiere honrar"». Entonces el rey dijo a Amán: «Toma presto el manto y el caballo como has dicho, y hazlo así con el judío Mardoqueo, que está sentado a la puerta del rey. No omitas nada de todo lo que has dicho». Y Amán tomó el manto y el caballo, vistió a Mardoqueo y lo llevó a caballo por la plaza de la ciudad, y anunció delante de él: «Así se hace al hombre a quien el rey quiere honrar». Después Mardoqueo regresó a la puerta del rey, pero Amán se apresuró a volver a su casa, lamentándose, con la cabeza cubierta. Y Amán contó a su mujer Zeres y a todos sus amigos todo lo que le había acontecido. Entonces sus sabios y su mujer Zeres le dijeron: «Si Mardoqueo, delante de quien has comenzado a caer, es de descendencia judía, no podrás con él, sino que ciertamente caerás delante de él». Aún estaban hablando con él, cuando llegaron los eunucos del rey y llevaron aprisa a Amán al banquete que Ester había preparado.*

La providencia de Dios resulta en ironía muchas veces. Sus cambios nos recuerdan que Él gobierna todo de manera soberana para que resulte en gloria a Él. El enemigo nunca gana, Dios siempre rescata a los Suyos. Dios obra en momentos escondidos, en Su secreto que recaerá en Su gloria y nuestra adoración a Él.

Bien dice el proverbio: «El orgullo del hombre lo humillará, pero el de espíritu humilde obtendrá honores» (Prov. 29:23). Y el final de Amán lo describe este otro proverbio: «El que cava un hoyo caerá en él, y el que hace rodar una piedra, sobre él volverá» (Prov. 26:27).

La respuesta de Amán al rey muestra que no era algo que surgió de un día para otro, sino que estaba en su cabeza desde tiempo atrás. Me lo puedo imaginar tirado en su cama, haciendo historias de cómo será el día de la honra del rey. ¿Te ha pasado? Lastimosamente muchas de esas historias no son para la gloria de Dios.

Para Amán el deseo de gloria y honor lo tenía envanecido. Sin la gracia de Dios, todas somos como Amán buscando en lo creado lo que no satisface nuestra alma. El que causó que muchos judíos estuvieran tristes por la posible eliminación del pueblo, de repente es humillado y Mardoqueo exaltado.

Cuando buscamos un honor personal no importando que se humille a otros, solo nos encontraremos con la horca. ¿Qué tan preparada estás para la muerte? Lo que a Amán le quitaba el sueño y pensaba y anhelaba, no era realmente importante frente a la pregunta de ¿cómo vas a morir? Claro, en esos momentos tanto Asuero como nosotras lo que buscamos es nuestro beneficio personal y nuestro reconocimiento, no el de Dios ni Su gloria.

¿Te diste cuenta de que en el capítulo 6 la única mención de Ester fue para la preparación del segundo banquete? ¿Notaste que lo que Mardoqueo experimentó no es resultado de un gran plan que él diseñó? Ninguno estaba en control y ninguno era el protagonista. Dios está tan presente cuando más parece ausente.

Ester 6 es un buen recordatorio de que Dios es Dios, y nosotros no. Nuestro Dios es tan maravilloso y poderoso que puede trabajar en medio de milagros en los eventos ordinarios de billones de vidas. Dios libertó a Su pueblo en Persia a través de una noche de insomnio del rey más poderoso y emocional de la tierra.

En realidad, todo lo que Satanás hace es solo llevar a cabo el plan providencial de Dios para salvar a Su pueblo. En Susa, así como en la cruz, parecía que todo el tiempo Satánas estaba liderando los planes para la destrucción de los judíos, pero él fue el engañado porque la corona de Cristo jamás será quitada y la victoria de Cristo jamás será cambiada. Jesús reina sobre todo y tiene toda la autoridad y poder, y un día regresará para abolir la muerte para siempre (Fil. 2:11). No hay mejor reversión que la resurrección. Nuestro Cristo se levantó victorioso de la tumba.

Aun cuando no ves a Dios actuar, aun cuando no lo escuchas o no crees que Él está obrando, Dios está vivo, despierto y llevando a cabo Sus propósitos para tu bien y finalmente para Su gloria.

# PARA MEDITAR

1. ¿Qué nos dicen o confirman los deseos de Amán
en los versículos 8-11? ¿Cuál es el contraste
con Filipenses 2:3-10?

2. Al conocer el edicto Mardoqueo estaba vestido de
cilicio y ahora, meses después, era vestido
con ropas reales. Este cambio de ropas,
¿cómo se ve en la obra del evangelio?
Lee Efesios 4:20-24; Romanos 5:8-10 para responder.

3. Nota cómo se cumple la profecía bíblica. Lee y
escribe tus conclusiones de acuerdo con Éxodo 17:14-15;
1 Samuel 15:8-9.

4. Las repetidas menciones de la identidad judía
de Mardoqueo (5:13; 6:10, 13) nos recuerdan el propósito
de la providencia de Dios para proteger a Su pueblo.
Reescribe esa promesa leyendo Génesis 12:1-3;
2 Samuel 7:12-17. ¿Cómo se cumple en ti por Cristo?

5. Lee el Salmo 121:3 y describe cómo se aplica
en este capítulo.

6. «Hasta los demonios tiemblan», (Sant. 2:19).
¿Cómo esta expresión es ejemplo de los consejos
de los sabios de Amán y Zeres?

7. ¿En qué maneras has actuado como Amán? ¿Por qué?

8. ¿Qué dice la Biblia en cuánto a buscar honor para
nosotras? Lee Santiago 4:6, 10; Salmos 18:27, 25:9, 149:4,
Romanos 12:10 para responder.

9. ¿Quién merece todo nuestro honor? ¿Por qué?
Responde con 1 Corintios 15:24-28.

10. Lee Génesis 50:20 y Romanos 8:28 y describe cómo se ve el evangelio en lo que leímos hoy. Medita en tu respuesta y agradece al Señor.


**RESPONDE A DIOS EN ORACIÓN POR LO QUE HAS APRENDIDO**

# Día 5

## La caída de los injustos

### Ester 7:1-10

*El rey y Amán fueron al banquete a beber vino con la reina Ester.
También el segundo día, mientras bebían vino en el banquete, el
rey dijo a Ester: «¿Cuál es tu petición, reina Ester? Te será concedida. ¿Cuál es tu deseo? Hasta la mitad del reino se te dará». La
reina Ester respondió: «Si he hallado gracia ante sus ojos, oh rey, y
si le place al rey, que me sea concedida la vida según mi petición,
y la de mi pueblo según mi deseo; porque hemos sido vendidos,
yo y mi pueblo, para el exterminio, para la matanza y para la
destrucción. Y si solo hubiéramos sido vendidos como esclavos o
esclavas, hubiera permanecido callada, porque el mal no se podría
comparar con el disgusto del rey». Entonces el rey Asuero preguntó
a la reina Ester: «¿Quién es, y dónde está el que pretende hacer tal
cosa?». Ester respondió: «¡El adversario y enemigo es este malvado
Amán!». Entonces Amán se sobrecogió de terror delante del rey
y de la reina. Y dejando de beber vino, el rey se levantó lleno de
furor y salió al jardín del palacio. Pero Amán se quedó para rogar
por su vida a la reina Ester, porque vio que el mal había sido
determinado contra él por el rey. Cuando el rey volvió del jardín
del palacio al lugar donde estaban bebiendo vino, Amán se había*

*dejado caer sobre el lecho donde se hallaba Ester. Entonces el rey dijo: «¿Aún se atreve a hacer violencia a la reina estando yo en la casa?». Al salir la palabra de la boca del rey, cubrieron el rostro a Amán. Entonces Harbona, uno de los eunucos que estaban delante del rey, dijo: «Precisamente, la horca de 50 codos (22,5 metros) de alto está en la casa de Amán, la cual Amán había preparado para Mardoqueo, quien había hablado bien en favor del rey». «Ahórquenlo en ella», ordenó el rey. Colgaron, pues, a Amán en la horca que había preparado para Mardoqueo, y se aplacó el furor del rey.*

Todo sale a la luz algún día, y la historia de Ester no es la excepción. Aquello que se estaba maniobrando en secreto, salió a luz. ¿A quién damos honra y gloria? La Ester de este capítulo no es la misma Ester del capítulo 4:11-14. El favor que Dios le ha dado ella lo usó para confrontar el pecado y el llamado de salvar a su pueblo. Al contrario de Amán quien continuó en pecado y sus consecuencias lo alcanzaron. ¿Te puedes imaginar a Amán sentado bebiendo vino aparentando que no le molestó la exaltación a Mardoqueo? Pero su orgullo fue su caída, como sucederá con los injustos.

Cuando el mundo parezca más poderoso necesitamos leer Ester 7:1-10 porque nos olvidamos de las promesas, la presencia y el poder de Dios. Mientras Dios está obrando todo para Su gloria. ¿No sería suficiente con conocer el carácter de Dios? Él siempre gana porque no hay contrincante para Él. Usa a Ester para Sus planes y propósitos eternos, como te puede usar a ti para interceder por Su pueblo. Dios no nos llamará a ser valientes en nosotras mismas o con nuestras habilidades, pero sí en Él para servir a Sus propósitos.

El verdadero héroe del libro de Ester es Dios, pero eso no quita que veamos el rol que Ester tuvo en esta historia de redención. El segundo banquete marcará la segunda vez que Ester puso en peligro su vida (5:1 y 7:4) para identificarse con su pueblo que había sido vendido para exterminación y muerte. Arriesgar la vida por otros requiere valentía y desinterés en uno mismo. Ester demostró valentía no solo por estar sentada comiendo con Amán, sino al confrontarlo públicamente. Así necesitamos arriesgarnos por el evangelio.

Cuando Ester confrontó a Amán no tenía idea de cuál sería el resultado, sin embargo, ella fue obediente en aprovechar la oportunidad que Dios había preparado. Muy pocas de las decisiones que el rey Asuero tomó fueron sin consejo pedido y esta es una de ellas. Amán experimentó las consecuencias del pecado porque fue confrontado con él, no porque haya querido confesarlo al ver que no podría matar a Mardoqueo como quería. Esa, quizás, hubiera sido su oportunidad para arrepentirse genuinamente pero no lo hizo.

Cuántas ironías observamos en esta historia. Primero Amán pidiendo misericordia, cuando él se negó a darla. Aparentemente, se da cuenta de que las vidas son importantes porque la suya es la que peligra en ese momento. Segundo, Amán estaba pidiendo ayuda, pero no hay evidencia de que estuviera arrepentido. Tercero, él cayó frente a una judía, Ester, porque el otro judío, Mardoqueo, no se postró delante de él. Las palabras de sus consejeros probaron ser proféticas (Est. 6:13).

Algunas veces solo necesitamos que se nos recuerde que Dios derrotará a todos sus enemigos. Dios obra en Sus planes, pero nos usa en Sus procesos. Espero que nosotras, como Ester, seamos como esos que confrontan el pecado y salvan a Su pueblo en vez de ser como Amán que continuó en pecado y pagó por sus consecuencias.

El Salmo 92:7-9 lo ilustra: «Que cuando los impíos brotaron como la hierba, y florecieron todos los que hacían iniquidad, solo fue para ser destruidos para siempre. Mas tú, oh Señor, excelso eres eternamente. Porque he aquí, tus enemigos, Señor, porque he aquí, tus enemigos perecerán; serán esparcidos todos los que hacen iniquidad».

# PARA MEDITAR

1. ¿Qué actitud observas en Ester en los versículos 3-6?

2. ¿Qué pidió Dios a Josué en Josué 1:6-7,9?
¿Qué nos relata Jesús en Mateo 14:27? ¿Y Lucas en
Hechos 23:11? Escribe tus conclusiones.

3. En la petición de Ester, ¿qué observas sobre la veracidad
de su petición y el argumento hacia el rey (v. 4)? ¿Qué nos
enseña sobre la firmeza de nuestros argumentos y verdad?
¿Cómo se refiere Harbona a Mardoqueo?

4. Describe la actitud de Asuero. ¿Cómo respondió?
¿Cómo su actitud que conocemos ayudó a los planes
de Dios (vv. 7-9)?

5. ¿De qué formas Ester es un tipo de Jesús, o una sombra de
la obra de Cristo en lo que hizo? ¿Cómo Dios se refiere a Su
pueblo en Éxodo 3:7-10; Levítico 26:11-13 y las promesas de
Dios en Josué 31:31-33; 1 Pedro 2:9-10?

6. ¿De qué formas 2 Samuel 12:1-7 y Proverbios 6:27,28,
5:22-23 revelan el corazón de Amán? ¿Cómo se ve el pecado
sin confesar? ¿Qué repercusiones encuentras? Recuerda:
todos somos responsables de nuestro propio pecado. Lo que
hizo Amán no solo fue a causa de una mala planeación, sino
que la situación sacó a luz lo que había en su corazón.

7. Según estos pasajes ¿cómo los personajes son
diferentes a Dios? Lee Isaías 40:13-14; Daniel 4:35;
Apocalipsis 6:15-17; 20:10.

8. Esta derrota de Dios a su enemigo ¿qué nos enseña del
evangelio? Completa:

Gálatas 3:13; Romanos 5:1                    En Su tiempo
Romanos 5:1                                  Derrota enemigos

| Romanos 12:19; Colosenses 2:15 | Eternidad |
|---|---|
| Efesios 2:12-19 | Ira de Dios |
| 1 Corintios 15:25-26, 54-57; Mateo 13:37-43 | Salvación |
| Romanos 5:6; Gálatas 4:4 | Rey de Reyes |
| Apocalipsis 17:14 | Justificados por la fe |

9. ¿Qué riesgos estás tomando por el evangelio? ¿Hay algo que Dios te está pidiendo hacer o confrontar pecado? ¿Por qué es importante identificarte con el pueblo de Dios?

10. ¿Qué dice el Antiguo Testamento sobre una persona que es colgada? Lee Deuteronomio 21:22-23 para responder. ¿Qué dice Gálatas 3:13 acerca de Jesús? ¿En qué se diferencia la obra de Jesús con lo que le sucedió a Amán?

11. ¿Cómo 1 Corintios 4:5 te motiva a ser humilde y vivir en el temor de Dios?

12. ¿Cuál es la ironía de la muerte de Amán y el plan de Satanás contra Jesús? Lee Juan 12:31-33; 13:2; 14:30; 16:11; Hechos 5:30. ¿Qué representa para el pueblo de Dios hoy?

13. ¿Quién vive y quién muere al final de los tiempos? Lee Juan 3:36.


**RESPONDE A DIOS EN ORACIÓN POR LO QUE HAS APRENDIDO**

# SEMANA 5

# Dios da gracia sobre gracia

E s increíble ver la mano de Dios orquestando cada situación. Todo lo que acontecía en la vida del pueblo tenía una razón de ser: cumplir los planes y propósitos de Dios.

El plan de exterminar a los judíos del Imperio persa comenzó en el corazón de Amán el agagueo, un corazón donde la historia bíblica nos deja ver que había orgullo y vanagloria.

Descendiente de Agag, el rey de los amalecitas, Amán era un hombre que lo tenía todo; sin embargo, su alma estaba perdida (Luc. 9:25). Murió así, derrotado, lleno de odio y resentimiento contra un pueblo. Con su muerte y la de sus descendientes, se cumplió la promesa dada por Dios a Josué de que los amalecitas serían exterminados (Ex. 17:14).

Después de ser derrotado, providencialmente, Mardoqueo e implícitamente el reino de Dios, ambos fueron exaltados: «Entonces Mardoqueo salió de la presencia del rey en vestiduras reales de azul y blanco, con una gran corona de oro y un manto de lino fino y púrpura; y la ciudad de Susa dio vivas y se regocijó» (Est. 8:15).

¿Puedes imaginar la escena? Mardoqueo estaba siendo honrado delante de los hombres, y no solo eso, ahora podían todos los judíos defender su vida del ataque inminente que tendrían para ser exterminados. Algo que solo el Dios de los cielos pudo haber hecho.

A Mardoqueo que lloraba con clamor y angustia, que hizo público su dolor, la providencia de Dios lo llevó a la victoria y a compartir con el pueblo la bendición, la alegría, el regocijo, la honra de no ser exterminados.

El pueblo que tenía una sentencia de muerte ahora tenía la oportunidad de vivir. ¿Fue por causa de ellos y lo que hicieron? No, todo fue por gracia y misericordia de Dios. Tiempo atrás recibían las malas noticias de que los matarían y que no podían hacer nada para cambiar esa situación.

Pero Dios, que es rico en misericordia, con el gran amor que tiene por Su pueblo, los salvaría de sus enemigos, de la muerte inminente para la gloria de Su nombre y porque Dios no ha faltado a ni una sola de Sus promesas. «Y os tomaré por pueblo mío, y yo seré vuestro Dios...» (Ex. 6:7a).

Bendito Dios por las malas noticias que nos llevan a clamar a Él. Bendito Dios por Su gracia y misericordia al darnos la salvación por medio de Su Hijo Jesús.

# Día 1

## Gracia a Sus pies

### Ester 8:1-6

*Aquel mismo día el rey Asuero dio a la reina Ester la casa de Amán, enemigo de los judíos; y Mardoqueo vino delante del rey, porque Ester le había revelado lo que era él para ella. Entonces el rey se quitó el anillo que había recobrado de Amán, y se lo dio a Mardoqueo. Y Ester puso a Mardoqueo sobre la casa de Amán.*

*Ester habló de nuevo delante del rey, cayó a sus pies, y llorando, le imploró que impidiera los propósitos perversos de Amán agagueo y el plan que había tramado contra los judíos. Extendió el rey hacia Ester el cetro de oro, y Ester se levantó y se puso delante del rey, y dijo: Si le place al rey, y si he hallado gracia delante de él, si el asunto le parece bien al rey y yo soy grata ante sus ojos, que se escriba para revocar las cartas concebidas por Amán, hijo de Hamedata, agagueo, las cuales escribió para destruir a los judíos que están en todas las provincias del rey. Porque ¿cómo podría yo ver la calamidad que caería sobre mi pueblo? ¿Cómo podría yo ver la destrucción de mi gente?*

El mismo día que Amán clamó por la preservación de su vida y fue asesinado en la horca que él había erigido para asesinar a Mardoqueo, el rey Asuero dio a la reina Ester la casa de quien había planeado la extinción del pueblo judío. Es como si le estuviera restituyendo lo que había perdido por actuar sabiamente.

La reina Ester había sido apartada de su hogar, de la casa de Mardoqueo y el plan de Amán terminaría con su pueblo, su familia. Es increíble ver cómo Dios está actuando soberanamente, en silencio. Él está llevando a cabo desde el principio de la historia un plan perfecto en el que podemos ver Su gracia manifiesta, Su gloria en todo esplendor, aun secretamente.

Ya podemos ver con más claridad que uno de los propósitos para que Ester estuviera en la posición en la que estaba, era para la salvación de su pueblo. La labor de Mardoqueo, por su parte, es esencial aquí. Dios había estado preparando a este hombre a través de los diferentes escenarios que podemos ver a lo largo de la historia, para este tiempo, para presentarse delante del rey para abogar por su pueblo. No cabe duda de que Dios usa a quien desea y como Él desea.

«Pero tenemos este tesoro en vasos de barro, para que la excelencia del poder sea de Dios, y no de nosotros, que estamos atribulados en todo, mas no angustiados; en apuros, mas no desesperados; perseguidos, mas no desamparados; derribados, pero no destruidos» (2 Cor. 4:7-9, RVR1960).

Mardoqueo se presenta delante del rey con confianza, ya no con temor a que sepa que es pariente de la reina. Ese día es un parteaguas en la historia del reino, en la historia del pueblo judío también, básicamente le estaban mostrando al rey su unidad como familia para preservar la vida del pueblo de Israel. Mardoqueo no solo era su padre adoptivo, sino su consejero sabio, su protector, quien la desafiaba a más. Mardoqueo era una buena influencia para la vida de la reina.

Quizá por esa razón el rey Asuero no duda en darle el anillo del sello real que antes le había dado a Amán, el agagueo (Est. 3:10) que hizo mal uso de él, al abusar del poder que tenía. La historia se observa tan diferente cuando hay un hombre temeroso de Dios en la trama.

No podía detenerse la matanza, el decreto era real, nadie tenía la potestad de derogarlo, ni el mismo rey. Pero aun los reyes de esta tierra están por debajo del Rey de reyes y Él, que ha prometido cuidar a Sus hijos, actúa por amor de Su nombre. No obstante, la reina clama a los pies del rey por misericordia y piedad para con su pueblo, para que el decreto real sea revocado; una vez más, el rey extiende su cetro a ella (Est. 5:2).

Esta acción del rey nos muestra que Ester aún está en una situación en la que podría ser asesinada. En ese sentido, nada ha cambiado en el papel de Ester; sin embargo, hemos podido ver que Ester ha hallado gracia delante de Asuero. Dios es quien da gracia a los humildes: «Ciertamente él escarnecerá a los escarnecedores, y a los humildes dará gracia» (Prov. 3:34, RVR1960). La historia nos sigue mostrando que Dios es quien reina.

La historia de Ester, capítulo a capítulo nos ha narrado de forma implícita que Dios reina. Él gobierna y lleva a cabo Sus planes y propósitos para Su gloria a través de seres humanos creados a Su imagen.

# PARA MEDITAR

1. Ester no podía soportar que destruyeran a su pueblo, por eso intercedió por Él. ¿Cuánto intercedes por otros? Si lo haces, ¿qué intercedes?

2. ¿Puedes describir cuál es el lenguaje de Ester en su petición a Asuero en el versículo 5? ¿Por qué crees que lo hizo así, de acuerdo a todo lo que hemos estudiado sobre el carácter de Asuero?

3. ¿Qué dice de Dios el versículo 6 acerca de Su pueblo? Lee Ezequiel 18:11 y Juan 3:16-18.

4. Dios el Padre ha dado a Jesús toda autoridad en el cielo y en la tierra como nuestro exaltado Sacerdote y Rey con el fin de salvar a Su pueblo de la eterna destrucción (Heb. 8:1). Si perteneces a Cristo, ¿qué cosas son tuyas? Lee 1 Corintios 3:21-23 para responder. ¿De qué manera Dios está obrando a favor tuyo? Lee Romanos 8:28, 32, para responder.

5. ¿Reconoces las bondades de Dios para tu vida? Menciona al menos tres que hoy has podido experimentar.

6. ¿Eres veraz con Dios cuando te presentas delante de Él en oración? ¿De qué forma crees que podemos tratar de engañar a Dios en nuestras oraciones? Lee Hebreos 4:12-13.

7. ¿Estoy dando buen testimonio del evangelio que he creído en los lugares donde Dios me tiene? ¿Qué testimonio pueden dar de mi vida cristiana mis padres, mi esposo, mis hijos, patrones, vecinos? Lee Mateo 5:16 y escribe qué buenas acciones crees que están mostrando a otros la luz de Cristo.

8. Cuando te presentas delante de Dios en oración, ¿estás clamando por aquellos que tienes cerca, por la iglesia local, por tus enemigos o tus oraciones están centradas en ti?

9. ¿Clamas por la bendición y el cuidado de Dios sobre Sus hijos? ¿Con qué frecuencia?

10. Explica de qué forma Dios te ha extendido gracia a lo largo de tu vida, y hoy cómo la estás viviendo. Lee y medita en Efesios 2:8-9.

11. ¿Te presentas ante Dios reconociendo que Él es Rey de reyes, Dios todopoderoso en actitud de humildad y no con orgullo y con soberbia? Menciona el ejemplo de una oración delante de Dios llena de orgullo y una con humildad.

12. ¿Te compadeces de todos aquellos que están sufriendo? ¿Qué dice Romanos 12:15?

13. Así como Mardoqueo recibió el anillo del rey, y Ester la casa de Amán, nosotras hemos recibido en Cristo bendiciones el día que el decreto de nuestra suerte fue revocado en la cruz. Lee Efesios 1 y escribe cuáles son esas bendiciones.


**RESPONDE A DIOS EN ORACIÓN POR LO QUE HAS APRENDIDO**

# Día 2

## Gracia victoriosa

### Ester 8:7-14

*Entonces el rey Asuero dijo a la reina Ester y al judío Mardoqueo: He aquí, he dado a Ester la casa de Amán, y a él le han colgado en la horca porque extendió su mano contra los judíos. Vosotros, pues, escribid acerca de los judíos como os parezca bien, en nombre del rey, y selladlo con el anillo del rey; porque un decreto que está escrito en nombre del rey y sellado con el anillo del rey no puede ser revocado.*

*Y fueron llamados los escribas del rey en aquel momento en el mes tercero (es decir, el mes de Siván), en el día veintitrés; y conforme a todo lo que ordenó Mardoqueo se escribió a los judíos, a los sátrapas, a los gobernadores y a los príncipes de las provincias que se extendían desde la India hasta Etiopía, ciento veintisiete provincias, a cada provincia conforme a su escritura, y a cada pueblo conforme a su lengua, y a los judíos conforme a su escritura y a su lengua. Y se escribió en el nombre del rey Asuero y se selló con el anillo del rey, y se enviaron las cartas por medio de correos a caballo, que montaban en corceles engendrados por caballos reales. En ellas el rey concedía a los judíos que estaban en cada ciudad el derecho de reunirse y defender su vida, de destruir, de matar y de exterminar al ejército de cualquier pueblo o provincia que los atacara, incluso a niños y mujeres, y de saquear sus bienes, en un mismo día en todas las provincias del rey Asuero, el día trece del mes doce (es decir, el mes de Adar). Una copia del edicto que había de promulgarse como ley en cada provincia fue publicado a todos los pueblos, para que los judíos estuvieran listos para ese día a fin de vengarse de sus enemigos. Los correos, apresurados y apremiados por la orden del rey, salieron montados en los corceles reales; y el decreto fue promulgado en la fortaleza de Susa.*

¡Cuánto ha cambiado la historia en tan solo unos capítulos! Mardoqueo, después de ser un completo desconocido para el rey Asuero, cuya vida peligró por causa de Amán el agagueo, ahora el mismo rey Asuero hace saber a Ester y a Mardoqueo que les entregaba la casa de Amán a quien habían ahorcado por atentar contra la vida de los judíos.

«Aunque no se especifica el momento de esta transición, sino solo la inmediata ejecución de Amán, el tiempo transcurrido entre el edicto de Amán (17 de abril del 474 a.C.) y el nuevo edicto de Mardoqueo **en el mes tercero [...] a los veintitrés días** (25 de junio del 474 a.C.) fue de dos meses y diez días. El mes de **Siván**, durante el cual se conmemora Pentecostés o la Fiesta de las semanas como una celebración»[1]

Un edicto firmado por el rey era irrevocable, sin embargo, como una muestra de bondad y piedad para con el pueblo judío, él pide que escriban a su nombre un nuevo edicto con lo que Mardoqueo creía conveniente para todos los judíos. Estaba mostrando su total apoyo al pueblo judío. Asuero no estaba cambiando, ni modificando el decreto; ese no podía ser quitado nunca.

¿Qué habrá sentido cuando supo que su reina y el pueblo al que ella pertenecía estaban por ser destruidos? ¿Cuánto habrá amado a Ester que buscó su salvación? ¿Te suena familiar esto?

---

[1] *Biblia de estudio para mujeres* (Nashville, TN: B&H Español, 2017), 570.

Cuando el nuevo edicto estuvo listo, el rey no perdió tiempo y mandó a toda prisa a sus heraldos a que entregasen las cartas en todos los idiomas que había en el reino. Todos debían conocer que «el rey daba facultad a los judíos que estaban en todas las ciudades, para que se reuniesen y estuviesen a la defensa de su vida, prontos a destruir, y matar, y acabar con toda fuerza armada del pueblo o provincia que viniese contra ellos, y aun sus niños y mujeres, y apoderarse de sus bienes» (Est. 8:11). El rey dejaba saber que apoyaba a los judíos.

La salvación del pueblo de Dios estaba en proceso de hacerse del conocimiento de todos. Justo como nos ha sucedido a ti y a mí, alguien tuvo a bien hacernos saber que nuestra vida sería salvada por el Dios de los ejércitos.

El libro de Ester, como ya hemos aclarado anteriormente, aunque no menciona el nombre de Dios, nos muestra una imagen hermosa y tan real de la salvación de Su pueblo, de Sus hijos. En nuestra vida había un decreto que decía que toda el alma que pecara, moriría (Ezeq. 18:4) Ninguna de nosotras habríamos alcanzado la salvación por nosotras mismas, todas merecíamos morir porque vivíamos presas del pecado, estábamos separadas de la gloria de Dios y no había nadie en esta tierra que pudiera cancelar ese decreto, ni siquiera nosotras podíamos salvarnos a nosotras mismas.

Aun cuando pudiéramos pensar que haciendo cosas buenas tendríamos la entrada al cielo, no es así, buscando ser perfectos para agradar a Dios y tener vida eterna tampoco era una opción. La realidad es que todos hemos pecado, todos estábamos perdidos y hundidos, corrompidos y necesitábamos un Salvador.

¿Un Salvador? Sí, tal vez no alcanzamos a entender por qué necesitaríamos un salvador si no recordamos haber hecho algo que nos condene a la muerte. Pero el pecado nos ha condenado a ella (Rom. 3:23).

Gracias a Dios que nos proveyó de un Salvador, Su Hijo Jesucristo. Es a través de nuestros pecados que tenemos un decreto legal en contra de nosotras, pero de la misma forma en la que Dios derrotó a

Amán, ha derrotado al enemigo de nuestra alma: Satanás. No cambió el decreto que menciona que el alma de quien pecare moriría, no lo transgredió, sino que tomó el castigo que todos merecíamos, Su contra decreto nos salva.

Sin embargo, no debemos olvidar que, aunque nuestro enemigo ha sido derrotado, aún batallamos con el pecado, aún hay una lucha diaria y real en nuestra vida, en nuestra carne. Pero cobra ánimo, porque tenemos esperanza en Cristo; Él nos ha librado de la muerte y el pecado, ¡podemos estar seguras de que, aunque el pecado está presente en nosotras, ya no reina más, sino Cristo que vive en nosotras!

Estemos felices, agradecidas porque somos libres, porque nos dio la salida y nos ha llenado de Su amor. Salgamos a toda prisa a contar las buenas nuevas de salvación, salgamos de nuestra zona de confort y compartamos que Jesucristo es el camino, la verdad y la vida y que separados de Él nada podemos hacer. No podemos llegar al Padre si no es a través de Él (Juan 14:6).

Después de todo, Mardoqueo salió vestido con vestiduras reales, ya no más ceniza, ya no más tristeza. Él era un hombre nuevo. La ciudad de Susa se alegró porque era una confirmación para ellos de que todo estaba cambiando para bien.

«Y los judíos tuvieron luz y alegría, y gozo y honra...» (Est. 8:16, RVR1960).

Hoy nosotras tenemos a Jesús la luz del mundo. Nuestro gozo y paz, nuestra renovación y fortaleza es Él. Que nuestras buenas obras den testimonio a quienes no lo conocen para que anhelen conocer a Cristo y rendir su vida a Él.

# PARA MEDITAR

1. Mira la bondad de Dios ¿puedes recordar y mencionar qué bendiciones has recibido de parte de Dios cuando otros planeaban tu mal? Lee el Salmo 18 y subraya o escribe las bondades de Dios para con Sus hijos.

2. Nosotras no tenemos la facultad para hacer decretos en nombre de Dios; todo lo que acontece en nuestra vida es y seguirá siendo bajo la voluntad de nuestro Padre eterno. No obstante, al igual que Mardoqueo usó el sello del rey para afirmar que el edicto era de parte de él, nosotras tenemos el nombre de Dios y de Cristo para compartir las buenas nuevas de salvación. ¿Estás usando bien el nombre de nuestro Señor? ¿De qué manera estás honrando Su nombre que es sobre todo nombre?

3. Menciona el contraste entre el Mardoqueo del capítulo 4:1 con el de esta porción. ¿Cómo habrías actuado tú al estar en una situación similar?

4. A diferencia de Asuero, a quien realmente no le importaban los judíos, Ester recibió gracia y favor para interceder por Su pueblo. Así también Cristo hoy intercede por nosotras. Con la diferencia de que Él no tuvo que convencer a Dios de amarnos para salvarnos, Dios el Padre ya nos amaba con amor eterno (Jer. 31:3). Escribe junto a este versículo tres oraciones de agradecimiento a Dios por Su amor y salvación.

5. No se podía revocar un edicto, entonces otro tuvo que ser emitido. El primer decreto no fue revocado, sino sustituido por otro mejor, que al final revocó el anterior. ¿Cómo esta verdad refleja la obra de Cristo por nosotras? Lee Gálatas 3:13; 1 Corintios 5:21; Colosenses 2:15 y responde.

6. Así como Mardoqueo describió claramente el nuevo decreto para los judíos, así Dios ha escrito en Su Palabra lo

que Él ha decretado a nuestro favor: vida. Describe cómo el evangelio te ha dado vida.

7. ¿Alguna vez alguien ha planeado tu mal o te ha amedrentado por mucho tiempo? ¿Cómo has respondido ante eso?

8. Nosotras hemos sido revestidas con nuevas vestiduras por medio de Cristo, ya no tenemos esas vestiduras manchadas por el pecado y la iniquidad, fue gracias a Cristo que hoy estamos vestidas con un nuevo vestido. Lee Isaías 61:1-11 y medita en lo que hemos recibido por medio de Cristo y escribe cada aspecto de Su obra en estos versículos.

9. Dios nos ha traído a Cristo, Él es quien ha hecho nuestra salvación plena y perfecta, porque Cristo es un mejor Mediador que Ester por Su pueblo, somos declaradas victoriosas, no víctimas. Lee Romanos 8:37-39 y Juan 6:44, y escribe en tus palabras lo que estos versículos te enseñan acerca de ti para vivirlo.

10. Piensa en alguien a quien le puedas compartir las buenas nuevas de Jesús, alguien que ha estado en aflicción y lamento durante algún tiempo, ora por ella y déjale saber que el Dios soberano reina y Sus planes son buenos en gran manera.

**RESPONDE A DIOS EN ORACIÓN POR LO QUE HAS APRENDIDO**

# Día 3

## Gracia que llena corazones

**Ester 8:15-17**

> *Entonces Mardoqueo salió de la presencia del rey en vestiduras reales de azul y blanco, con una gran corona de oro y un manto de lino fino y púrpura; y la ciudad de Susa dio vivas y se regocijó. Para los judíos fue día de luz y alegría, de gozo y gloria. En cada provincia, en cada ciudad y en todo lugar adonde llegaba el mandato del rey y su decreto había alegría y gozo para los judíos, banquete y día festivo. Y muchos de entre los pueblos de la tierra se hicieron judíos, porque había caído sobre ellos el temor de los judíos.*

Cuando el decreto de Amán fue publicado en la ciudad de Susa, el pueblo judío se conmovió (Est. 3:15) al saber que había una fecha señalada para ser destruidos, serían asesinados todos, desde el más pequeño hasta el más viejo y sus bienes serían confiscados; esto lo podemos leer en Ester 3:13.

Los judíos lloraron, vimos a Mardoqueo sufrir, clamando con grande y amargo dolor (Est. 4:1), y ahora que se promulgó un contra decreto, vemos el contraste de Mardoqueo y el pueblo regocijarse por ello. Quizá durante meses estuvieron sufriendo, angustiados, sabiendo que ese día llegaría, la fecha para ser asesinados se acercaba y no podían hacer nada para evitarlo.

*Pero Dios...* Él nos muestra una y otra vez Su gracia al cuidar de Su pueblo, al guardar a Sus hijos. El plan que Amán agagueo inició para derribar a sus enemigos, el pueblo de Dios, no terminó como él esperaba, sus ojos no vieron el fin de los judíos.

Así ha sido la historia del pueblo de Dios, de los hijos de Dios. Han sufrido persecución, han sido oprimidos, esclavizados y han intentado acabar con ese pueblo desde la antigüedad, pero Dios sigue siendo el Dios que los defiende, quien los guarda y vela por ellos.

No solo por los judíos, también por nosotros los cristianos; hay una lucha que quiere terminar con la iglesia de Cristo, ideologías contrarias que se levantan contra nosotros, falsos cristos, leyes y decretos en diversos países donde se prohíbe hablar del evangelio, misioneros que son asesinados, perseguidos, maltratados. Pero Dios sigue siendo Dios y los decretos de los hombres no son superiores a Él, ni a Sus decretos.

Quizás si Mardoqueo y Ester hubieran conocido el final de la historia, desde un inicio su actitud habría sido diferente, tal vez habrían experimentado una mayor confianza en Dios, habrían expresado gratitud a Dios por lo que estaba sucediéndoles, estarían felices y celebrando porque al final Dios les daría la victoria sobre sus enemigos, pero ellos no lo sabían.

Puede ser que nosotras estemos enfrentando situaciones donde no vemos el final de la historia, no sabemos cómo terminará y lo que Dios hará, pero debemos estar conscientes de que Dios tiene el control absoluto de todo lo que nos sucede. Todo cuanto acontece en nuestra vida está planeado para nuestro bien y para la gloria de Dios, eso nos debe dar paz, confianza y esperanza en que Dios no nos dejará ni nos desamparará en ningún momento.

¿Puedes ver el cambio en Mardoqueo? Ya no es el mismo que en capítulos anteriores. Ahora sus vestiduras son diferentes, son de realeza, cualquiera que lo veía podía darse cuenta de que Dios le había dado Su favor, que su lamento lo había convertido en gozo, ya no tenía más cilicio y ceniza, sino una corona de oro. El Salmo 30:11-12 nos dice: «Tú has cambiado mi lamento en danza; has desatado mi cilicio y me has ceñido de alegría; para que mi alma te cante alabanzas y no esté callada. Oh SEÑOR, Dios mío, te alabaré por siempre».

# PARA MEDITAR

1. Mientras Mardoqueo se pasea delante del rey, dio esperanza a un pueblo que había estado en agonía. Ahora nosotras, en Cristo, no solo tenemos esperanza, sino victoria. Esto trae gozo. Lee Filipenses 4:4-9 y escribe por qué nos podemos regocijar y cómo lo hacemos.

2. Dios es un mejor Dios que todos los dioses paganos de Persia. Lee Éxodo 15:14-16; Salmo 105:38; Hechos 5:11 para describir cómo Dios es mejor.

3. ¿Qué aspectos del carácter de Dios puedes ver en esta porción?

4. ¿Qué aspectos de la naturaleza caída observas?

5. ¿Qué nos dice Efesios 6:12 y de qué forma puedes aplicarlo a tu vida?

6. Escribe el Salmo 30:11-12 y conviértelo en una oración.

7. ¿Cómo sería tu actitud al saber el final de todo lo que está sucediendo en tu vida? ¿Cómo cambiarían tus oraciones al saber que Dios sigue reinando y gobernando todo aun cuando está en silencio?

8. ¿Recuerdas algún versículo que te anime a no desmayar cuando estás en pruebas? Escríbelo.

9. Así como Mardoqueo, ¿Quién vendrá finalmente para que nuestro llanto se convierta en gozo eterno? Lee Apocalipsis 19:1,7-8,11-16 para responder.

10. ¿Cómo viste a Dios obrar en esta porción bíblica?

11. Ellos no sabían el final de la historia y actuaron en fe y esperanza. ¿Qué de ti? ¿Cómo respondes a los

acontecimientos de tu vida ahora que sabes el final
de tu historia?

12.  Hay una lucha real contra nuestra carne,
contra el mundo, el pecado. ¿En quién te refugias?
¿A quién acudes cuando las pruebas y ataques vienen a tu
vida? Lee Efesios 6:10-17 y escribe el versículo 10
para que puedas meditar en él.

13.  Puede ser que no veamos el final y cómo terminará todo,
puede ser que parezca una eternidad y nos sintamos como si
la noche no terminara jamás, pero el salmista nos recuerda
que «su ira es sólo por un momento, pero su favor es por
toda una vida; el llanto puede durar toda la noche, pero a la
mañana vendrá el grito de alegría» (Sal. 30:5).


## RESPONDE A DIOS EN ORACIÓN POR LO QUE HAS APRENDIDO

# Día 4

## Gracia que teme

### Ester 9:1-4

*En el mes doce (es decir, el mes de Adar), el día trece cuando esta-*
*ban para ejecutarse el mandato y edicto del rey, el mismo día que*
*los enemigos de los judíos esperaban obtener dominio sobre ellos,*
*sucedió lo contrario, porque fueron los judíos los que obtuvieron*
*dominio sobre los que los odiaban. Se reunieron los judíos en sus*
*ciudades por todas las provincias del rey Asuero para echar mano*
*a los que buscaban su daño; y nadie podía oponérseles, porque el*
*temor a ellos había caído sobre todos los pueblos. Y todos los prín-*
*cipes de las provincias, los sátrapas, los gobernadores y los que*
*manejaban los negocios del rey ayudaron a los judíos, porque el*
*temor a Mardoqueo había caído sobre ellos, pues Mardoqueo era*
*grande en la casa del rey, y su fama se había extendido por todas*
*las provincias, porque Mardoqueo se hacía más y más grande.*

Terminamos esta semana con un mensaje de victoria. Un mensaje lleno de esperanza y del poder de Dios manifestado en Su pueblo. Somos victoriosas por medio de aquél que nos amó.

No hay plazo que no se cumpla. En el decreto de Amán se establecía que los persas tenían autoridad para exterminar en su totalidad al pueblo judío, sin embargo, sucedió lo contrario, los judíos pelearon por su vida y Dios los preservó para cumplir Sus planes y propósitos eternos.

Sucede lo mismo en lo espiritual; tenemos un enemigo que nos ataca y vive dentro de nosotras: el pecado. No obstante, cuando hemos depositado nuestra confianza en Cristo, en Su muerte y resurrección para el perdón de nuestros pecados, todo cambia. El pecado sigue presente en nuestras vidas, pero ya no reina, ya no es nuestro amo; Cristo nos compró cuando en la cruz murió y es por eso que ahora vivimos con total libertad de la muerte y el pecado (Rom. 6:14-23).

Mientras tanto en Persia, era tanto el miedo que embargaba a los enemigos de los judíos que todos los príncipes ahora apoyaban al pueblo de la reina Ester. Recordemos Proverbios 16:7 que nos dice: «Cuando los caminos del hombre son agradables a Jehová, aun a sus enemigos hace estar en paz con él» (RVR1960).

¿Por qué? **«Muchos de entre los pueblos de la tierra se hacían judíos»** (heb. *yahád,* "hacerse pasar por judío, convertirse en judío, declararse judío", Est. 8:17). Esto puede significar que fingieron ser judíos por razones de seguridad, que se solidarizaban e identificaban con ellos por compasión o, incluso, que sentían que no ser judío era peligroso. La razón dada en el texto es el **temor** (heb. *Pajád,* «pavor, terror») **de los judíos.** Este es otro cambio de las circunstancias o una ironía: en un momento, había sido peligroso y potencialmente mortal ser judío; ahora, ¡era peligroso no serlo!"[1]

Podría parecer que algunas circunstancias difíciles en nuestra vida nos derrotarán, las pruebas, los desiertos, las enfermedades, la escasez, todo aquello que acontece bajo el sol y que parece que conspira en nuestra contra al ejercer control total, pero en realidad, Dios las ha permitido para cumplir Sus propósitos y hacernos más parecidas a Cristo.

Necesitamos estar preparadas para las batallas porque sin duda vendrán, ya se nos advirtió hace mucho tiempo (Juan 16:33). Conforme

---

[1]. *Biblia de estudio para mujeres* (Nashville, TN: B&H Español, 2017), 571.

vayamos creciendo en el conocimiento de Dios, en nuestra comunión con Él y en estar conscientes de que hay una guerra espiritual, podremos descansar en que Dios gobierna, Él reina.

Tenemos como padre al Dios que cuida de Su pueblo y nunca duerme (Sal. 121:3-5), quien adiestra las manos para la batalla y nuestros dedos para la guerra; Él es nuestro castillo, nuestra fortaleza y nuestro libertador, nuestro escudo en quien confiamos, nuestra fortaleza y nuestro libertador (Sal. 144:1-2). ¡Nuestro Rey venció a nuestros enemigos!

*Y a vosotros, estando muertos en pecados y en la incircuncisión de vuestra carne, os dio vida juntamente con él, perdonándoos todos los pecados, anulando el acta de los decretos que había contra nosotros, que nos era contraria, quitándola de en medio y clavándola en la cruz, y despojando a los principados y a las potestades, los exhibió públicamente, triunfando sobre ellos en la cruz (Col. 2:13-15, RVR1960).*

# PARA MEDITAR

1. ¿Cuál es la promesa que encuentras en Mateo 16:18 que ves en este pasaje? ¿Cómo la vives?

2. ¿Cuál es la forma en la que reaccionas cuando Dios ha dicho «sí» a tus oraciones? ¿Festejas para contigo misma o te vuelcas en adoración y alabanza a Dios?

3. Podemos ver sin duda el cuidado providencial de Dios para con Su pueblo, la promesa de Dios a Abraham que se cumple nuevamente. Lee Génesis 17:1-8 para recordar Su promesa.

4. ¿De qué forma saber que el pecado ya no reina en ti te lleva a adorar a Dios y a Cristo por Su obra?

5. ¿Qué pasa si seguimos pecando? ¿Qué dice 1 Juan 1:9 y 2:1? Tenemos la confianza de ir delante de Dios en oración cuando hemos fallado, Él no nos echa fuera.

6. Lee y completa el siguiente versículo: «*Y sabemos que a los que _____ a Dios, _____ las cosas les ayudan a _____, esto es a los que conforme a _____ son llamados*» (Rom. 8:28, RVR1960).

7. ¿De qué manera el conocimiento de esta verdad te lleva a vivir de modo diferente a través de las pruebas, luchas y circunstancias adversas?

8. ¿Cómo pudiste ver la obra de la gracia de Dios en Mardoqueo? ¿Cómo se ve en ti?

9. El terror o temor de Dios había caído sobre los príncipes, capitanes, sátrapas, oficiales, y sus enemigos en Persia. Esta no es la primera vez que Dios hace esto. Lee Josué 2:9-11 y describe esta otra situación.

10. Recuerda algún evento donde estuviste en aflicción sin conocer a Dios. ¿Cómo reaccionaste? ¿Cuánto tiempo y qué tuvo que pasar para darte cuenta de que Dios tenía todo bajo control? Hoy que conoces más a Dios ¿qué harías diferente si se te presentara esa misma situación?

**RESPONDE A DIOS EN ORACIÓN POR LO QUE HAS APRENDIDO**

# SEMANA 6

# Dios libera, cumple Su promesa de pacto, el pueblo conmemora la obra de Dios, y descansa

## Introducción a la semana

Hemos llegado a la última semana de nuestro estudio de Ester, y como en toda historia, hay un desenlace que, en muchas ocasiones al comienzo, no parece que vaya a beneficiar a los actores principales.

No obstante, toda esta historia no ha tratado de tres o cuatro actores estelares, sino de uno solo: Dios. Es Su historia, es Su plan, es Su pueblo y Él ha orquestado toda la historia de manera tal que Sus planes se lleven a cabo tal cual Él mismo los estipuló.

Es maravilloso ver una historia tan bien llevada a cabo sin que el autor y actor principal sea nombrado o se deje ver de manera visual en algún momento. Una historia que nos recuerda que nada de lo que ocurre bajo el sol es dejado al azar, ni echado a la suerte; sino que desde un inicio todo está ocurriendo de acuerdo a los planes del Dios que prometió cuidar a Su pueblo y velar por él.

Veamos cómo termina la historia, cómo es que las fiestas del rey donde abundaban los excesos y eran una oda al materialismo y la egolatría de un rey pagano contrastan con la celebración de un pueblo que valoró más la vida y su preservación que los deleites temporales y lo corrompible de este mundo.

Veamos cómo el banquete de Cristo es mejor que el banquete de este mundo. Veamos cómo el regocijo del pueblo de Dios proviene de la libertad, de la salvación, de ver a un Dios fiel obrar para Su gloria y el bien de Su pueblo. Veamos cómo recordar la obra de Dios en Su Hijo Jesucristo, hoy escrita en Su Palabra, es descanso para nuestra alma. Dios es fiel, Dios reina.

# Día 1

# La libertad para pelear

## Ester 9:5-16

*Y los judíos hirieron a todos sus enemigos a filo de espada, con matanza y destrucción; e hicieron lo que quisieron con los que los odiaban. En la fortaleza de Susa los judíos mataron y destruyeron a quinientos hombres, también a Parsandata, Dalfón, Aspata, Porata, Adalía, Aridata, Parmasta, Arisai, Aridai y Vaizata, los diez hijos de Amán, hijo de Hamedata, enemigo de los judíos; pero no echaron mano a los bienes.*

*Aquel mismo día comunicaron al rey el número de los que fueron muertos en la fortaleza de Susa. Y el rey dijo a la reina Ester: En la fortaleza de Susa los judíos han matado y exterminado a quinientos hombres y a los diez hijos de Amán. ¡Qué habrán hecho en las demás provincias del rey! ¿Cuál es tu petición ahora? Pues te será concedida. ¿Qué más quieres? También te será hecho. Entonces Ester dijo: Si le place al rey, que mañana también se conceda a los judíos que están en Susa hacer conforme al edicto de hoy; y que los diez hijos de Amán sean colgados en la horca. El rey ordenó que así se hiciera; y un edicto fue promulgado en Susa, y los diez hijos de Amán fueron colgados. Los judíos que se hallaban en Susa se reunieron también el día catorce del mes de Adar y mataron a trescientos hombres en Susa, pero no echaron mano a los bienes.*

Qué asombrosa manera del obrar de Dios para con Sus hijos. Los judíos pudieron defender su vida, pelear por ella, defender sus casas, sus hogares, lo que les pertenecía en todas las provincias del rey, pero también en Susa, capital del reino.

Fue ahí, en la capital, donde hubo una matanza de 500 hombres; pero algo increíble es que mataron a todos los hijos de Amán. Dios cumplió la Palabra que le había dado a Josué en Éxodo 17 acerca de que raería de sobre la faz de la tierra a todos los agagueos enemigos de los judíos.

La lucha que inició Josué en aquel desierto, Mardoqueo la terminaría en el palacio del rey, donde por cierto, Amán el agagueo había sido honrado antes de ser desechado. Algo que debemos notar es que menciona en tres ocasiones en esta porción de la Escritura que los judíos no tocaron los bienes de los agagueos aun cuando tenían permiso para hacerlo (Est. 8:11). Porque no se trataba de una batalla económica, sino de llevar a cabo la justicia divina del Señor.

El rey Asuero le hace saber a Ester la cantidad de muertos que hubo en Susa a manos de los judíos y su actitud para con ella me hace pensar que Asuero en verdad amaba a Ester (Est. 2:17). Ya no se muestra altivo, ni altanero como en los primeros capítulos.

La Biblia no nos menciona si el rey tuvo una transformación o regeneración a causa de Ester y su comportamiento como nos lo menciona 1 Pedro 3:1-6, pues no sabemos más nada acerca de la fe de Asuero. Lo que nos enseña es cómo Dios usa incluso a quienes no creen en Él para Sus planes. ¡Así de Señor es nuestro Dios!

«¿Qué más demandas?», le preguntó Asuero a Ester. Ella pidió un segundo día para acabar por completo con los amalecitas, los agagueos. Asuero, sin saberlo, estaba ayudando al cumplimiento de la promesa de Dios para exterminar a los amalecitas al dar permiso para una segunda matanza.

Esto es increíble porque un segundo día de matanza no estaba estipulado en el decreto que Amán escribió ni tampoco en el que Mardoqueo había escrito. Nuevamente vemos la providencia de Dios y Su cuidado para con Su pueblo. Es importante notar lo que Dios dice en Ezequiel 33:11: «no me complazco en la muerte del impío, sino en que el impío se aparte de su camino y viva». Si Dios no lo hace, nosotras tampoco.

Sin embargo, este hecho es un recordatorio de la santidad de Dios y de Su justicia. Su pueblo será preservado, y Sus enemigos serán destruidos (Apoc. 19:1-2), por eso nosotras, Su pueblo, necesitamos proclamar el evangelio de Cristo que trae libertad a las almas, tener compasión de ellas y orar para salvación.

Esto lo vemos en la petición de Ester acerca de los hijos de Amán, quienes fueron colgados en la horca; ellos fueron expuestos, humillados delante de todo el pueblo y así, los agagueos fueron raídos de la faz de la tierra, tal como Dios lo prometió en Génesis 12:3 que nos dice: «Bendeciré a los que te bendigan, y al que te maldiga, maldeciré; y en ti serán benditas todas las familias de la tierra».

Hubo Uno que fue expuesto y colgado en un madero, pero fue para salvación, para traer libertad (Gál. 3:13), descanso a Su pueblo y hoy reina y está sentado a la diestra del Padre, y regresará para juzgar al mundo. Su pueblo se regocijará y descansará para siempre con Él, la fiesta en los cielos jamás terminará.

# PARA MEDITAR

1. Señala los eventos providenciales de Dios en estos versículos.

2. Los judíos tenían libertad para defenderse de sus enemigos. ¿De qué forma esta verdad también se aplica a nosotras? ¿Quién nos ha libertado y de qué? ¿Quiénes son nuestros enemigos? Lee Efesios 6:10-18, Romanos 6:16-18 para responder.

3. Comparemos Ester 3:1 con 1 Samuel 15:8-33. Saúl falló en obedecer la orden de Dios contra los amalecitas en cuanto a no tocar sus bienes y perdonó al rey Agag. ¿Puedes ver a Mardoqueo cumpliendo ahora la promesa de parte de Dios a Josué en Éxodo 17:14? Escribe las comparaciones.

4. ¿Qué dice la Biblia respecto al cumplimiento de las promesas de Dios? Lee 1 Corintios 1:20.

5. ¿Qué implicaciones tuvieron para los hijos de Amán, las acciones de su padre? ¿Qué implicaciones tuvo para el pueblo de Israel la desobediencia de Saúl? ¿Cómo Dios usó ambas para Su plan?

6. Siguiendo con la pregunta 5, lee Romanos 3:10-11, 23, y responde, ¿cómo esta declaración se aplica a todo ser humano? ¿Qué necesita un individuo para ser llamado santo y justo?

7. En la providencia de Dios, Él usa situaciones de angustia, como la amenaza de Asuero a Su pueblo, para Su gloria y victoria. ¿Puedes ver la bondad de Dios en todo lo que permite? Nombra algunos de esos hechos que muestran la bondad de Dios en este capítulo.

8. ¿Qué características de Dios puedes ver en estos versículos aun estando Su nombre y Sus atributos de manera anónima?

9. ¿Cómo responderías tú ante la pregunta del rey «¿Qué más demandas?»? ¿Qué pedirías tú si estuvieras en la misma situación?

10. ¿Qué aspectos de la naturaleza humana logras ver en estos versículos? ¿Cómo podemos sembrar?

11. ¿Cómo todo este discurso te muestra el evangelio? ¿Dónde puedes ver la obra de Cristo en estos versículos? Lee el versículo 16, junto con Romanos 5:10; 1 Corintios 15:25; Lucas 20:43.


**RESPONDE A DIOS EN ORACIÓN POR LO QUE HAS APRENDIDO**

# Día 2

# La libertad para celebrar

## Ester 9:17-22

*Esto sucedió el día trece del mes de Adar, y el día catorce descansaron, y lo proclamaron día de banquete y de regocijo. Pero los judíos que se hallaban en Susa se reunieron el trece y el catorce del mismo mes, y descansaron el día quince y lo proclamaron día de banquete y de regocijo. Por eso los judíos de las áreas rurales, que habitan en las ciudades abiertas, proclaman el día catorce del mes de Adar día festivo para regocijarse, hacer banquetes y enviarse porciones de comida unos a otros.*

*Entonces Mardoqueo escribió estos hechos, y envió cartas a todos los judíos que se hallaban en todas las provincias del rey Asuero, tanto cercanas como lejanas, ordenándoles que celebraran anualmente el día catorce del mes de Adar, y el día quince del mismo mes, porque en esos días los judíos se libraron de sus enemigos, y fue para ellos un mes que se convirtió de tristeza en alegría y de duelo en día festivo. Los harían días de banquete y de regocijo, para que se enviaran porciones de comida unos a otros e hicieran donativos a los pobres.*

Ayer hablamos acerca de cómo los judíos se defendieron de sus enemigos, durante dos días ellos lucharon, se defendieron y Dios les dio la victoria sobre sus enemigos de generaciones atrás. Dios cumplió la promesa de acabar con los amalecitas, y así fue.

Dos días en los que los judíos que estaban esparcidos por todo Persia se defendieron; después de meses de angustia, de casi un año, pudieron saborear la victoria que viene después de luchar contra el enemigo cuyo único fin es matar y destruir. El pueblo celebró la victoria de Dios. Finalmente pudieron respirar y quizás hasta gritar ¡victoria!

Me encanta que el autor hace énfasis en que los judíos que habían estado peleando, proclamaron el día siguiente para descansar, para comer y celebrar. Era un día de regocijo, de alegría porque Dios había preservado sus vidas.

Mardoqueo escribió y ordenó que los días 14 y 15 del mes de Adar, todos los judíos tendrían que celebrar para hacer memoria de lo que Dios había hecho en favor de ellos.

La *Biblia de estudio para mujeres* de la editorial B&H en español, se refiere a este suceso así: «Se designaron dos días para la celebración (v. 27): a **los judíos que estaban en Susa** se les dieron dos días para matar a sus enemigos, **y el quince** del mes de Adar (finales de febrero o principios de marzo) **reposaron** (8 v. 18); por tanto, su celebración se señaló para ese día. Los judíos en provincias periféricas solo tuvieron **el día trece del mes de Adar** para responder a sus enemigos, y celebraron **el día catorce** de ese mes. Algunos judíos también celebran el día trece como el ayuno de Ester, debido a la mención de **conmemorar el fin de los ayunos y de su clamor** (v. 31).

»El énfasis de la festividad no se centraba en la destrucción de sus adversarios, sino más bien en el "reposo" de los judíos al liberarse de la opresión de sus enemigos, en su liberación. Entre los judíos contemporáneos, la comida de la celebración se realiza, por lo general, la noche del día catorce, un mes antes de la Pascua judía. La fiesta incluye **enviar porciones cada uno a su vecino** y ayudar **a los pobres** (vv. 19,22). Se espera que todos —hombres, mujeres y niños— estén presentes, ya que cada uno tuvo un papel en esta liberación».[1]

¿Te das cuenta? Es una celebración a nivel mayor por la liberación del pueblo judío, sí, pero sobre todo por el descanso que se experimenta al derrotar a los enemigos. ¿Qué de nosotras? ¿Cuántas veces hemos celebrado el reposo o descanso que hemos recibido por parte de Dios?

¿Cuántas veces hemos celebrado el ver a alguno de nuestros hijos pródigos regresar a casa? «Y traed el becerro gordo y matadlo, y comamos y hagamos fiesta; porque este mi hijo muerto era, y ha revivido; se había perdido, y es hallado. Y comenzaron a regocijarse» (Luc. 15:23-24, RVR1960). Estas son palabras del padre cuando su hijo regresó a casa. ¿Es esa la misma actitud que tenemos? Y no necesariamente como madres, sino como hermanas o amigas; ver que quienes estaban perdidas han sido libradas y traídas al camino angosto debe hacernos celebrar.

Cada vez que los hijos de Dios nos reunimos como pueblo a alabarle y ser enseñados por Su Palabra, estamos celebrando la victoria de Cristo sobre Sus enemigos, la muerte y el pecado. Ya no tienen poder sobre nosotras, el pueblo del Señor. Aunque aún luchamos con los residuos del pecado, la declaración está escrita: victoria.

Podemos celebrar cada día, y recordar en Su palabra Su obra. Podemos descansar que vendrá un día en el que ya no habrá más batalla, frustración, temor, sino un sabor constante de victoria porque Él nos ha preservado para Su gloria. Estas son las Buenas Nuevas, Cristo ha ganado por siempre, Dios reina.

---

[1.] *Biblia de estudio para mujeres* (Nashville, TN: B&H Español, 2017), 572.

# PARA MEDITAR

1. ¿Por qué razón celebraban en días diferentes los judíos de los judíos que habitaban en Susa? (Est. 9:16-19).

2. ¿Qué cosas escribió Mardoqueo y con qué finalidad?

3. Escribe las razones que se encuentran en el libro de Ester para enviar cartas. Lee Ester 1:22, 3:8-14, y las razones de este versículo. ¿Puedes ver la ironía? El libro de Ester inicia con banquetes, cartas y decretos, regocijo humano, pero ¿cómo está terminando?

4. Haz memoria… ¿Qué cosas buenas de parte de Dios puedes mencionar en este día?

5. El Salmo 78:4 nos dice: «No lo ocultaremos a sus hijos, sino que contaremos a la generación venidera las alabanzas del Señor, su poder y las maravillas que hizo». ¿Qué hermosas verdades de Dios podrías escribir para en un futuro hacérselas saber a tus hijos y a los hijos de tus hijos?

6. Los judíos no celebraron el día de la victoria sobre sus enemigos, sino el día que descansaron de ellos. ¿Por qué razón crees que lo hicieron así? ¿Cómo Cristo da descanso a tu alma hoy?

7. Quizá has escuchado que nosotros hemos recibido la victoria por medio de Cristo, ¿a qué se refiere esa frase? ¿Qué es lo que Cristo ha vencido? Lee Hechos 2:24; 1 Juan 3:14; Romanos 8:37; 1 Corintios 15:54-55.

8. ¿Cómo celebras esa libertad en Cristo? ¿Has entendido la gloriosa verdad de la muerte y resurrección de Cristo? Explícala en tus propias palabras.

9. ¿De qué manera compartes con otros acerca de la victoria de Cristo en la cruz?

10. ¿Qué otras victorias de parte de Cristo has recibido en tu vida? Toma un momento para escribirlas y alabar a Dios por Su bondad.

Queremos que medites en esta declaración sobre Cristo:

> Confesamos el misterio y el asombro
> de Dios hecho carne,
> y nos gozamos en nuestra gran salvación
> mediante Jesucristo nuestro Señor.
> Con el Padre y el Espíritu Santo,
> el Hijo creó todas las cosas,
> sustenta todas las cosas,
> y hace todas las cosas nuevas.
> Verdaderamente Dios,
> se hizo verdaderamente hombre,
> dos naturalezas en una persona.
> Nació de la Virgen María
> y vivió entre nosotros.
> Crucificado, muerto y sepultado,
> se levantó al tercer día,
> ascendió al cielo,
> y vendrá de nuevo
> en gloria y juicio.
> Por nosotros,
> Él cumplió la Ley,
> expió el pecado,
> y satisfizo la ira de Dios.
> Tomó nuestros trapos de inmundicia
> y nos vistió
> con sus prendas de justicia.
> Él es nuestro Profeta, Sacerdote y Rey,
> quien edifica Su iglesia,
> intercede por nosotros,

y reina sobre todo.
Jesucristo es Señor;
adoramos su santo Nombre por siempre.
Amén.[2]

## RESPONDE A DIOS EN ORACIÓN POR LO QUE HAS APRENDIDO

2. La declaración de Ligonier sobre la cristología: [https://www.christologystatement.com/es/]

# Día 3

## El honor al Salvador

### Ester 9:23-32

*Así los judíos llevaron a cabo lo que habían comenzado a hacer, y lo que Mardoqueo les había escrito. Pues Amán, hijo de Hamedata, agagueo, enemigo de todos los judíos, había hecho planes contra los judíos para destruirlos, y había echado el Pur, es decir, la suerte, para su ruina y destrucción. Pero cuando esto llegó al conocimiento del rey, este ordenó por carta que el perverso plan que había tramado contra los judíos recayera sobre su cabeza, y que él y sus hijos fueran colgados en la horca. Por eso estos días son llamados Purim[c], por el nombre Pur. Y a causa de las instrucciones en esta carta, tanto por lo que habían visto sobre este asunto y por lo que les había acontecido, los judíos establecieron e hicieron una costumbre para ellos, para sus descendientes y para todos los que se aliaban con ellos, de que no dejarían de celebrar estos dos días conforme a su ordenanza y conforme a su tiempo señalado cada año. Así estos días serían recordados y celebrados por todas las generaciones, por cada familia, cada provincia y cada ciudad; para que estos días de Purim no dejaran de celebrarse entre los judíos, ni su memoria se extinguiera entre sus descendientes.*

*Entonces la reina Ester, hija de Abihail, y el judío Mardoqueo escribieron con toda autoridad para confirmar esta segunda carta acerca de Purim. Y se enviaron cartas a todos los judíos, a las ciento veintisiete provincias del reino de Asuero, palabras de paz y de verdad, para establecer estos días de Purim en sus tiempos señalados, tal como habían establecido para ellos el judío Mardoqueo y la reina Ester, según habían fijado para ellos y sus descendientes, con instrucciones para sus tiempos de ayuno y de lamentaciones. El mandato de Ester estableció estas costumbres acerca de Purim, y esto fue escrito en el libro.*

¡Qué hermoso libro! Está lleno de enseñanza acerca de la bondad de Dios, Su providencia, Su gracia, Su cuidado y amor por Sus hijos. Hay un cántico de victoria que honra al Salvador. Me pregunto, ¿cuánto les habrá durado el regocijo por este hecho glorioso del Señor? La historia nos narra que luego de esto, 400 años pasarían para que muchos vieran con sus ojos al Salvador, al que vino a decretar victoria por siempre.

Tenemos la propensión a olvidar la bondad de Dios hacia nosotras, y lentamente somos atrapadas por las vicisitudes de la vida, olvidamos que somos victoriosas por Cristo y no víctimas; olvidamos que Dios reina, y no nosotras; olvidamos que Dios ha dejado Su Palabra para guiarnos, conocerlo, confiar en quién es Él, más aún cuando pareciera estar en silencio.

Su Palabra fue escrita para que no olvidemos lo que Dios ha revelado de Él. Dios no cambia. Su plan no cambia. Está escrita para que Su pueblo la pase de generación en generación, las familias la pregonen, la iglesia la proclame siendo luz en medio de las tinieblas. Nuestros destinos no son echados a la suerte, son predeterminados por un Dios que reina.

Este libro comenzó con una gran fiesta para un solo hombre y termina con una gran fiesta para todo un pueblo, una fiesta que en algunos lugares se sigue celebrando. Una fiesta donde se promulga la paz y la verdad, la fiesta que impusieron Mardoqueo y la reina Ester, es decir, la fiesta de Purim.

# La fiesta de Purim[1]

**Nombre:** Purim (heb. *Pur*, 'parte, suerte', 3:7), del término *Pur* (persa, 'suerte, porción', 9:26).

**Fecha:** El decimocuarto día de Adar (feb-mar.) para los que vivían en pueblos y ciudades sin amurallar; el decimoquinto día para los habitantes de ciudades fortificadas.

**Propósito:** Celebrar la liberación de los judíos del genocidio; la anulación, por influencia de Ester, del «perverso designio que aquél [Amán] trazó» (9:25).

Recordar y preservar la relevancia histórica de este aconteci-miento (9:28).

**Prácticas:** «Banquete y [...] alegría» (9:17-18,22).

«Enviar cada uno porciones a su vecino» (9:19,22).

Enviar regalos (en especial, comida) a «los pobres» (9:22).

Actualmente, precedido por un «ayuno menor» que conmemora los tres días de ayuno de Ester mientras se preparaba para presentarse ante el rey.

El libro de Ester muestra cómo la mano de Dios puede naturalmente moverse de manera providencial. Hagamos memoria y veamos todo lo que Dios dispuso en la historia de Ester, Mardoqueo y aun Asuero y Amán.

- Dios en Su providencia permitió que el rey Asuero mostrara la grandeza de su poder para engrandecerse.
- Dios, providencialmente, permitió que la reina Vasti perdiera su lugar.
- Dios, providencialmente, dispuso que fuera desechada como reina para que, al quitarla de su lugar, hubiera una competencia para elegir una nueva reina.

[1]. *Biblia de estudio para mujeres* (Nashville, TN: B&H Español), 572.

- Dios, providencialmente, dispuso que Ester siendo judía, entrara a esa competencia.

- Dios, providencialmente, le dio gracia a Ester delante del eunuco del rey.

- Dios, providencialmente, dispuso que Ester fuera delante del rey y este la eligiera como reina amándola más que a las otras mujeres.

- Dios, providencialmente, permitió que Mardoqueo supiera los planes de quienes atentaban contra la vida del rey.

- Dios, providencialmente, permitió que Amán, el agagueo y enemigo de los judíos fuera parte del consejo del rey.

- Dios, providencialmente, permitió que Ester tuviera gracia delante del rey y que este extendiera su cetro preservando su vida.

- Dios, providencialmente, permitió que pasaran once meses antes de que el decreto de Amán contra Su pueblo fuera consumado.

- Dios, providencialmente, guardó la vida de Mardoqueo, impidiendo que Amán lo matara.

- Dios, providencialmente, permitió que hubiera dos banquetes con el rey para llevar a cabo la petición de la reina.

- Dios, providencialmente, llenó a Ester de gracia delante del rey, una vez más.

- Dios, providencialmente, inquietó al rey Asuero con insomnio una noche y le recordaron la bondad de Mardoqueo.

- Dios, providencialmente, permitió que Amán honrara a Mardoqueo.

- Dios, providencialmente, descubrió el corazón de Amán y la injusticia de querer asesinar a todo un pueblo.

- Dios, providencialmente, cambió el corazón del rey Asuero a favor de los judíos permitiendo que ellos luchen por preservar su vida.

- Dios, providencialmente, vistió a Mardoqueo con ropas reales dándole honra a quien le ha honrado.

- Dios en Su providencia, rescató a Su pueblo, tal como lo prometió siglos atrás y quitó de la faz de la tierra a sus enemigos los amalecitas.

- Dios en Su providencia, le permitió ser a Mardoqueo el segundo después del rey Asuero y grande entre los judíos y estimado por la multitud de sus hermanos, porque procuró el bienestar de su pueblo y habló paz para con todo su linaje (Est. 10:3).

Con esto nos damos cuenta de que la voluntad de Dios se cumple, Él permite y dispone ciertas cosas para que Sus planes eternos y Su propósito divino sean cumplidos. Dios nos ha dado libre albedrío para vivir en esta tierra bajo el sol, sí, pero aun así, Su voluntad se cumple. Lo hemos visto a lo largo de este libro en la vida de cada uno de los personajes que nos muestran la necesidad imperante que todos tenemos de nuestro Señor y Dios, aun cuando parezca que está en silencio.

Ester, una mujer que nos enseña de sumisión, humildad, obediencia, amor por el prójimo, que es sensible, segura de sí misma, valiente y que tiene la identidad bien definida. Ester, una mujer como todas aquellas que estamos dispuestas a seguir al Señor, obedecer Su voz y hacer Su voluntad, cueste lo que cueste. Ester es un tipo de Cristo, como intercesora. Una mujer elegida soberana y providencialmente para mostrar que Dios es quien reina hoy y por los siglos de los siglos, amén.

Ester y Mardoqueo son tipos de Cristo en su obrar, Dios así lo dispuso. Sin embargo, el protagonista de principio a fin es Dios. Así fue en este libro, así es en nuestras vidas.

# PARA MEDITAR

1. ¿Qué es la soberanía de Dios?

2. En una frase, indica cómo la soberanía de Dios es vista a lo largo de todo el libro de Ester.

3. ¿De qué manera el entender un poco más acerca del sufrimiento te lleva a confiar más en Dios? ¿Quién es el siervo sufriente? Lee Isaías 52:13-53:12 y alaba al Señor por Su bondad.

4. ¿Qué está sucediendo en tu vida que quizá no logras entender por qué está pasando, pero estás confiando en la soberanía de Dios? ¿Hay algún versículo bíblico en el que estés meditando para esa situación específica?

5. ¿Cómo vives a la luz de esa verdad? Es decir, de saber que todo está en control de Dios. ¿Realmente descansas en Su soberanía?

6. Lee Deuteronomio 6:1-14 y haz un listado de lo que necesitas recordar y recordarle a tu familia, los mandatos de Dios en Su Palabra.

7. Explica en tus propias palabras la bondad de Dios a la luz de Mateo 5:44-46.

8. Escribe con tus propias palabras qué es la gracia de Dios.

9. ¿Cuál ha sido la mayor muestra de gracia para contigo?

10. ¿De qué forma la Palabra de Dios te ha fortalecido en tu caminar cristiano?

11. ¿De qué forma puedes «ver» a Dios obrar en esta porción bíblica?

12. ¿Por qué la Santa Cena es una celebración de la bondad de Dios en Cristo?

**RESPONDE A DIOS EN ORACIÓN POR LO QUE HAS APRENDIDO**

# Día 4

## Dios honra al que le honra

### Ester 10:1-3

*"El rey Asuero impuso tributo sobre la tierra y sobre las costas del mar. Y todos los actos de su autoridad y poder, y todo el relato de la grandeza de Mardoqueo, con que el rey le engrandeció, ¿no están escritos en el libro de las Crónicas de los reyes de Media y Persia? Porque el judío Mardoqueo era el segundo después del rey Asuero, grande entre los judíos y estimado por la multitud de sus hermanos, el cual buscó el bien de su pueblo y procuró el bienestar de toda su gente.*

Sin duda, Dios honra a quienes le honran. Con Mardoqueo fue grande lo que sucedió. Mardoqueo, el judío, fue segundo después del rey Asuero, fue grande entre los judíos, lo amaban porque buscó la unidad, el bien y la paz entre él y todo su pueblo.

Al inicio del libro no sabíamos mucho de quién era Mardoqueo o Ester, pero mientras viajamos por esta historia, no solo nos relacionamos con ellos, sino también con los enemigos del pueblo de Dios. Somos recordados tanto de la obra del evangelio en traernos a Él, como la obra del evangelio hoy a través del proceso de santificación o transformación a la imagen y semejanza de Cristo Jesús, nuestro Salvador.

Dios llevó a cabo Su plan perfecto a través de la vida de dos personas, quienes ni siquiera estaban buscando ser instrumentos del Señor. ¡Cuán providencial es el Dios que reina! Mardoqueo nos recuerda a José, tanto en la posición de segundo después del rey, como en la fidelidad de obrar a favor de Su pueblo. Dios sigue siendo el mismo, obrando para Su propósito que nunca cambia: la salvación.

Este libro empieza con un hombre, un rey pagano saciado de poder y gloria para sí mismo, pero termina con otro hombre, saciado de fidelidad y grandeza para el Rey de reyes, el Dios que reina. Dios está a cargo de nuestro «cuándo, dónde y qué», nada es accidental, y el final siempre terminará con la gloria y la honra a Dios. Solo basta con leer Apocalipsis y recorrer esas líneas que gritan: ¡Aleluya porque el Salvador reina!

# PARA MEDITAR

1. ¿Qué dice Isaías 9:6 acerca de Aquel que traería paz eterna?

2. ¿Qué otro personaje en la Biblia fue utilizado por Dios en un gobierno pagano? Lee Daniel 2:46-49; 5:29, y escribe tus meditaciones sobre esto. ¿Crees que Dios te puede usar así?

3. Según lo que hemos aprendido, ¿cómo Mardoqueo es un tipo de Cristo?

4. Lee Eclesiastés 1:4,11 y responde cómo este pasaje nos enseña acerca de las generaciones y cómo hoy podemos continuar proclamando el evangelio a las siguientes generaciones.

5. ¿Qué dice la Biblia sobre la honra? Puedes buscar un versículo acerca de esto y escribirlo.

6. ¿Crees que Mardoqueo fue honrado por sus obras para su gloria? ¿Cómo ves obrar a Dios y a Mardoqueo juntos para la honra de Dios?

7. ¿Cómo puedes honrar a Cristo con tus acciones de manera que todos volteen a ver al Dios que reina?

8. Las razones por las que hacemos todo lo que hacemos vienen del Señor, lee Efesios 1:12 y describe, ¿cómo has vivido a la luz de este pasaje?

**RESPONDE A DIOS EN ORACIÓN POR LO QUE HAS APRENDIDO**

# Día 5

# Conclusión: Dios reina

E ster es un libro lleno de situaciones ordinarias frente a un Dios providencial que reina sobre cada una de ellas. ¡Qué sería de nosotras si Su Palabra no nos relatara estos hechos de nuestro Dios!

Aprendimos acerca de la providencia y soberanía de Dios, acerca de Su fidelidad y Sus promesas. Pero, mayormente aprendimos que la mayor liberación ya está hecha en Su Hijo Jesucristo.

Por la providencia de Dios, Él orquestó todo para cumplir Sus promesas a través de personas comunes como Ester y Mardoqueo. Los colocó en posiciones de poder para preservar a Su pueblo y castigar a Sus enemigos. La batalla siempre ha sido del Señor porque Su plan de salvación por Su pueblo comenzó con Él y termina con Él.

Entre todos los judíos que Dios salvó, sigue el linaje mesiánico listado en los Evangelios. No sabemos quiénes fueron exactamente, pero Dios sí. Él guardó a Su pueblo: «Pero cuando vino la plenitud del tiempo, Dios envió a su Hijo, nacido de mujer, nacido bajo la ley, a fin de que redimiera a los que estaban bajo la ley, para que recibiéramos la adopción de hijos» (Gál. 4:4-5). Dios los sostuvo y los libertó para que a través de ellos Su Hijo viniera, y por Su muerte nos diera vida según las Escrituras (1 Cor. 15:1-4; Col. 1:13-14).

¡Cristo destruyó el decreto de muerte que había contra nosotras! ¡Qué gloriosas noticias!

## ¿Por qué Dios reina?

Aunque Ester no menciona el nombre de Dios, observamos semana tras semana que no era necesario nombrarlo para ver Su mano en todo. Si hemos creído que Dios es soberano y reina, todo cuanto sucede es controlado por Él, así como lo describe el Catecismo Menor de Westminster:

Pregunta No. 11: ¿Cuáles son las obras de Providencia de Dios?

Las obras de Providencia de Dios son su muy santa, sabia, y poderosa preservación y gobierno de todas sus criaturas, y todas las acciones de estas. (Sal. 145:17; 104:24; Heb. 1:3; Neh. 9:6; Ef. 1:19-22; Sal. 35:6; Prov. 16:33; Mat. 10:30.

Dios reina porque Él es Señor sobre todos y, sobre todo. Él siempre ha existido, no da razón a nadie sino a Él mismo, es santo, justo, eterno y trascendente, lo que significa que no es limitado por el tiempo ni las acciones de los hombres. ¡Cómo no confiar en un Dios que todo lo conoce, ve y sabe!

Podemos descansar en que Él reina porque nos ha dado a Cristo, no por nuestras buenas o malas obras, sino por la obra de Su Hijo en Su vida, muerte y resurrección. Dios reina hoy, reinó ayer, reinará mañana, reinará por siempre. Jamás ha sido derrotado, jamás ha perdido, no hay otro como Él. ¡Digno de toda la alabanza!

¡Dios nunca cambia! ¡Él es el mismo ayer, hoy y por los siglos! (Heb. 13:8).

Dios reina en nuestros corazones por la obra santificadora del Espíritu Santo, cada vez que hemos cedido al pecado y nos arrepentimos a Él, estamos proclamando que Él reina, que Él es verdaderamente nuestro Señor. Esa fue la pregunta que Jesús les hizo a Sus discípulos: «¿Y por qué me llamáis: "Señor, Señor", y no hacéis lo que yo digo?» (Luc. 6:46).

Seamos conocidas porque Dios reina en nuestras vidas. Seamos conocidas porque nuestras palabras proclaman Su reino, porque nuestros pensamientos están saturados de Su reino, porque nuestra voluntad sigue los estatutos de Su reino. El Rey de reyes ha proclamado que somos libres, ¿quién puede proclamar lo contrario?

Vive en la libertad que Él ha comprado para ti bajo la salvación gloriosa que te ha dado por Su amor y misericordia. El Dios que se ha revelado en todas las Escrituras es el mismo, no cambia, obra al ojo público como lo hizo en el éxodo, pero también obra en silencio como lo hizo en el éxodo en el libro de Ester. ¡Qué gloriosa verdad!

# PARA MEDITAR

1. ¿Qué aprendiste de este libro que no sabías antes?

2. ¿Qué aprendiste del carácter de Dios?

3. ¿Cómo te ayudará en una mejor relación con Dios?

4. ¿Qué aprendiste por leer un género narrativo histórico en la Biblia?

5. ¿En qué te identificas con los personajes luego de conocer la historia?

Asuero
Vasti
Mardoqueo
Ester
Amán
Los consejeros del rey
Zeres

6. Escribe en tus palabras el tema central de Ester.


**¡Gracias por estudiar con nosotras!**

# ¡Gracias!

Estamos tan contentas y agradecidas de que hayas tomado el reto de estudiar con nosotras durante estas semanas el libro de Ester. Esperamos que tu viaje a través de la historia bíblica haya sido enriquecido, pero también esperamos que el compromiso con el estudio de la Palabra y el deleite en ella crezca con el paso de los días.

Si por medio de este estudio hemos contribuido un poco a que crezca en ti el anhelo por conocer más al Dios que reina y ha avivado en ti el hambre por Su Palabra, nos alegramos y damos gloria y alabanza a Cristo, quien pone en nosotros el querer como el hacer por Su buena voluntad (Fil. 2:3).

No pierdas la oportunidad de estudiar la Palabra de Dios junto a otras mujeres. Siempre es de bendición crear espacios donde la transparencia, la vulnerabilidad y la confianza están permeadas por el evangelio para que juntas nos mostremos la gracia de Cristo y nuestra necesidad diaria de Él.

El camino angosto no tiene por qué ser solitario, nuestro buen Padre nos ha dejado una comunidad de fe, nos ha unido a Su Iglesia para que unos a otros nos animemos en la fe, nos recordemos el evangelio, nos estimulemos a las buenas obras que Él ha revelado en Su Palabra. Nos necesitamos.

Qué mejor que estudiar la Palabra de Dios junto a la iglesia para ser testigos de las evidencias de gracia y el crecer en la semejanza de Cristo, un día a la vez, sin prisa, pero sin pausa. Con esto podremos afirmar el carácter de Dios en aquellos que nos rodean y aún en nosotras. Dios nos ayude, mujer, y nos encuentre fieles.

Gracias, una vez más, por estudiar con nosotras la historia de Dios a través del libro de Ester. Esperamos que en otra ocasión nos encontremos a través de nuestras letras para estudiar nuevamente la Palabra de Dios. El Dios que reina te bendiga con Su gracia y paz hoy y siempre.

Karla y Susana